Glauben Sie Nicht Alles, was Ihr Verstand Ihnen Sagt

Warum Ihre Gedanken die Quelle und Lösung
Ihres Schmerzes sind

Pet Biggie

Inhaltsverzeichnis

Einführung

In der Hektik des modernen Lebens wird der Geist oft zum Schlachtfeld. Die Gedanken rasen, die Emotionen schwanken und der innere Frieden scheint ein ferner Traum zu sein. In dieser chaotischen mentalen Landschaft finden wir oft die Wurzel unseres psychischen und emotionalen Schmerzes. Als Psychologin habe ich Jahre damit verbracht, diese komplizierten Dynamiken zu beobachten und zu verstehen, und bin zu einer tiefgreifenden Erkenntnis gelangt: Ein Großteil unseres Leidens ist selbstverschuldet und entsteht aus einem grundlegenden Missverständnis unseres eigenen Geistes.

Dieses Buch fasst ein transformatives Konzept zusammen. Unsere Gedanken sind kraftvoll, aber sie sind nicht immer wahr. Es handelt sich um Interpretationen, die oft von vergangenen Erfahrungen, Ängsten und Vorurteilen geprägt sind. Indem wir diese Verzerrungen erkennen und bekämpfen, können wir damit beginnen, die eigentliche Grundlage unseres Leidens abzubauen.

Betrachten Sie die häufige Erfahrung von Angstzuständen. Es ist nicht das äußere Ereignis, das Angst erzeugt, sondern unsere Gedanken über dieses Ereignis. Wir projizieren Ängste, antizipieren das Schlimmste und schaffen so eine Realität, die sich unausweichlich anfühlt. In seinem Versuch, uns zu beschützen, hält der Geist uns oft in einem Kreislauf aus Sorge und Furcht fest. Indem wir lernen, diese Muster zu erkennen, können wir beginnen, die Angstknoten zu lösen, die uns fesseln.

Um inneren Frieden zu erreichen, geht es nicht darum, alle Gedanken und Emotionen zu eliminieren; Es geht darum, unsere Beziehung zu ihnen zu verändern. Dieses Buch wird Sie auf eine Reise zu einem neuen Paradigma für geistige Freiheit begleiten. Es bietet einen Weg, die Grenzen des Denkens zu überwinden und einen Seinszustand anzunehmen, der in Frieden, Liebe und Freude verwurzelt ist.

Diese Reise ist kein linearer Prozess. Es erfordert Selbstbeobachtung, Übung und die Bereitschaft, sich unbequemen Wahrheiten zu stellen. Die Belohnungen sind jedoch unermesslich. Stellen Sie sich ein Leben vor, in dem äußere Umstände Ihren inneren Zustand nicht mehr bestimmen. Wo Frieden und Zufriedenheit Konstanten und keine flüchtigen Momente sind. Das ist das Versprechen der geistigen Freiheit.

Die Illusion des Denkens herausfordern

Der erste Schritt auf dieser Reise besteht darin, die Illusion des Denkens herauszufordern. Unser Verstand ist geschickt darin, Geschichten zu erschaffen. Wir konstruieren Erzählungen über uns selbst, andere und die Welt um uns herum. Diese Geschichten können zwar hilfreich, aber auch irreführend sein. Sie prägen unsere Wahrnehmung, beeinflussen unsere Emotionen und bestimmen unser Handeln.

Wenn Sie beispielsweise glauben, dass Sie der Liebe nicht würdig sind, wird dieser Gedanke zu einer Linse, durch die Sie jede Interaktion betrachten. Es färbt Ihre Erfahrungen, stärkt den Glauben und hält einen Kreislauf aus Selbstzweifeln und Schmerz aufrecht. Was aber, wenn dieser Gedanke nicht wahr ist? Was ist, wenn es lediglich eine Widerspiegelung vergangener Konditionierung oder ein Abwehrmechanismus ist? Indem wir die Gültigkeit solcher Gedanken in Frage stellen, können wir beginnen, uns von ihrem Einfluss zu befreien.

Die Grundursache für psychische und emotionale Schmerzen

Um unseren Schmerz wirklich zu verstehen und anzugehen, müssen wir tiefer blicken als die oberflächlichen Symptome. Die Grundursache für psychischen und emotionalen Schmerz liegt oft in ungelösten Traumata, unerfüllten Bedürfnissen und verzerrten Denkmustern. Diese zugrunde liegenden Probleme schaffen einen fruchtbaren Boden für Leiden, das sich in verschiedenen Formen wie Angstzuständen, Depressionen und Selbstsabotage manifestiert.

In diesem Buch werden wir praktische Techniken zur Identifizierung und Behebung dieser Grundursachen untersuchen. Von kognitiven Verhaltensstrategien bis hin zu Achtsamkeitsübungen lernen Sie, wie Sie einen Geist kultivieren, der Ihr Wohlbefinden unterstützt, anstatt es zu behindern.

Eine der kraftvollsten Erkenntnisse ist, dass wir unseren Gedanken gegenüber nicht machtlos sind. Wir können zwar nicht jeden aufkommenden Gedanken kontrollieren, aber wir können entscheiden, wie wir auf ihn reagieren. Dieser Übergang von der Reaktionsfähigkeit zur Achtsamkeit ist ein Grundpfeiler der geistigen Freiheit.

Negative Muster wie chronischer Selbstzweifel oder Katastrophendenken können verlernt werden. Indem wir uns dieser Muster bewusst werden und ihre Gültigkeit in Frage stellen, können wir sie durch gesündere, konstruktivere Denkweisen ersetzen. Dieser Prozess erfordert Geduld und Übung, aber die Transformation, die er mit sich bringt, ist tiefgreifend.

Der Weg zur geistigen Freiheit

Bei der Freiheit des Geistes geht es nicht darum, der Realität zu entfliehen; Es geht darum, bewusster und selbstbewusster damit umzugehen. Dabei geht es darum, einen Zustand der Präsenz zu kultivieren, in dem Sie sich Ihrer Gedanken und Gefühle voll bewusst sind, ohne von ihnen kontrolliert zu werden. Dieser Zustand der Achtsamkeit ermöglicht es Ihnen, mit Klarheit und Mitgefühl auf die Herausforderungen des Lebens zu reagieren.

In diesem Buch finden Sie praktische Übungen und meditative Praktiken, die Ihnen dabei helfen sollen, diesen Zustand der Freiheit zu erreichen. Diese Tools werden Sie dabei unterstützen, ein Leben zu schaffen, das Ihren wahren Wünschen und Werten entspricht.

Das Herzstück der geistigen Freiheit ist die Kultivierung von bedingungsloser Liebe und Frieden. Dies ist kein passiver oder naiver Zustand, sondern ein kraftvoller und transformativer. Es geht darum, sich selbst und andere mit Mitgefühl zu umarmen und zu erkennen, dass jeder im Rahmen seines aktuellen Bewusstseinsstandes sein Bestes gibt.

Bedingungslose Liebe ist eine Praxis, die mit Selbstakzeptanz beginnt. Indem Sie hartes Selbsturteil loslassen und Ihre inhärente Würdigkeit annehmen, schaffen Sie eine Grundlage für tiefere Verbindungen und bedeutungsvollere Beziehungen. In ähnlicher Weise geht es bei der Kultivierung des Friedens darum, das Bedürfnis nach äußerer Bestätigung loszulassen und innere Zufriedenheit zu finden.

Innere Weisheit und Intuition erwecken
Jenseits des Geplappers des Geistes liegt eine tiefere Quelle der Weisheit. Diese innere Führung, oft als Intuition bezeichnet, ist ein starker Verbündeter bei der Bewältigung der Komplexität des Lebens. Im Gegensatz zum rationalen Denken, das linear und analytisch ist, ist

Intuition ganzheitlich und integrativ. Es entspringt einem Ort tiefen Wissens, frei von Angst oder Zweifel.

Dieses Buch wird Sie dabei unterstützen, sich wieder mit Ihrer inneren Weisheit zu verbinden. Durch meditative Praktiken und Übungen zur Beruhigung des Geistes lernen Sie, auf diese intuitive Führung zuzugreifen und ihr zu vertrauen. Es wird zu einem Kompass, der Sie zu Entscheidungen und Handlungen führt, die Ihrem höchsten Wohl dienen.

Die Reise zur geistigen Freiheit ist auch eine Reise der Bewusstseinserweiterung. Wenn Sie sich Ihrer Gedanken, Gefühle und Muster bewusster werden, beginnen Sie, über sie hinauszuschauen. Dieses erweiterte Bewusstsein ermöglicht es Ihnen, sich von einschränkenden Überzeugungen zu befreien und eine breitere Perspektive auf das Leben einzunehmen.

In diesem erweiterten Zustand sind Sie besser auf die Vernetzung aller Dinge eingestellt. Sie erkennen, dass Ihre Gedanken und Handlungen einen Dominoeffekt haben und nicht nur Ihre eigene Erfahrung, sondern auch die Welt um Sie herum beeinflussen. Dieses Bewusstsein bringt ein Gefühl von Verantwortung und Ermächtigung mit sich und motiviert Sie, bewusster und mitfühlender zu leben.

Ermächtigung durch innere Stärke

Beim Empowerment geht es darum, die innere Stärke zu erkennen und zu nutzen. Es geht darum zu verstehen, dass Sie die Macht haben, Ihre Realität unabhängig von äußeren Umständen zu gestalten. Bei dieser inneren Stärke geht es nicht um Kontrolle oder Dominanz; Es geht um Belastbarkeit, Anpassungsfähigkeit und Selbstvertrauen.

Indem Sie Ihre innere Stärke kultivieren, werden Sie im Angesicht von Herausforderungen widerstandsfähiger. Sie lernen, die Höhen und Tiefen des Lebens mit Anmut und Selbstvertrauen zu meistern, in dem Wissen, dass Sie über die Ressourcen verfügen, jedes Hindernis zu überwinden. Dieses Gefühl der Ermächtigung ist eine Schlüsselkomponente der geistigen Freiheit.

Die in diesem Buch beschriebenen Prinzipien und Praktiken sind nicht neu. Sie stützen sich auf zeitlose Weisheitstraditionen, die die Menschheit seit Jahrhunderten leiten. Sie werden jedoch auf eine Weise präsentiert, die für moderne Leser relevant und zugänglich ist.

Die Integration dieser zeitlosen Weisheit in Ihr tägliches Leben kann einen tiefgreifenden Perspektivwechsel bewirken. Es kann Ihnen dabei helfen, moderne Herausforderungen mit einem Gefühl der Ruhe und Klarheit zu meistern, basierend auf dem Verständnis, dass wahrer Frieden und wahres Glück von innen kommen.

Die Reise der Selbstfindung

Der Weg zur geistigen Freiheit ist auch ein Weg der Selbstfindung. Es geht darum, die Schichten der Konditionierung und der gesellschaftlichen Erwartungen abzustreifen, um Ihr wahres Selbst zu entdecken. Dieser Prozess kann sowohl befreiend als auch herausfordernd sein, da er die Konfrontation mit Teilen von Ihnen erfordert, die Sie möglicherweise lange ignoriert oder unterdrückt haben.

Die Belohnungen dieser Reise sind jedoch immens. Indem Sie sich wieder mit Ihrem authentischen Selbst verbinden, gewinnen Sie ein tieferes Verständnis Ihrer Wünsche, Stärken und Ziele. Dieses Selbstbewusstsein wird zu einem Leitlicht, das Ihnen den Weg zu einem erfüllteren und sinnvolleren Leben erhellt.

Jenseits des Geistes und der Emotionen liegt die Seele, die Essenz dessen, wer Sie sind. Um sich mit Ihrer Seele zu verbinden, müssen Sie über die Ängste und Wünsche des Egos hinausgehen und sich auf ein tieferes, dauerhafteres Selbstgefühl einstellen. Diese Verbindung bringt ein Gefühl von Frieden und Zielstrebigkeit mit sich, das über die Vergänglichkeit von Gedanken und Emotionen hinausgeht.

Praktiken wie Meditation, Tagebuch führen und Zeit in der Natur verbringen können Ihnen helfen, diese

Seelenverbindung zu vertiefen. Wenn Sie diese innere Beziehung pflegen, werden Sie feststellen, dass Ihr äußeres Leben beginnt, diese innere Harmonie widerzuspiegeln.

Einer der mächtigsten Aspekte der geistigen Freiheit ist die Fähigkeit, Schmerz in einen Sinn umzuwandeln. Jede Herausforderung und jedes Leid trägt den Samen des Wachstums und der Transformation in sich. Indem Sie Ihre Perspektive ändern, können Sie Schmerz nicht als Strafe, sondern als Chance für tieferes Verständnis und Wachstum sehen.

Diese Transformation beinhaltet, den Schmerz mit Mitgefühl und Neugier anzunehmen. Anstatt es zu meiden oder zu betäuben, lernen Sie, sich darauf einzulassen, es zu erforschen und letztendlich einen Sinn darin zu finden. Dieser Prozess kann zu tiefgreifenden Einsichten und einem neuen Sinn für Ziele führen.

Der gegenwärtige Moment ist der einzige Ort, an dem sich das Leben wirklich entfaltet. Doch unser Geist zieht uns oft in die Vergangenheit oder treibt uns in die Zukunft und beraubt uns des Reichtums des Jetzt. Zu lernen, im gegenwärtigen Moment zu leben, ist eine grundlegende Praxis, um geistige Freiheit zu erlangen.

Achtsamkeitstechniken wie konzentriertes Atmen und Körperwahrnehmung können Ihnen dabei helfen, sich in der Gegenwart zu verankern. Indem Sie einen Zustand der Präsenz kultivieren, werden Sie besser auf die Schönheit und Möglichkeiten jedes Augenblicks eingestellt, was zu einem lebendigeren und erfüllteren Leben führt.

Das ultimative Ziel der geistigen Freiheit ist es, ein Leben voller Freude und Erfüllung zu schaffen. Dies bedeutet nicht ein Leben ohne Herausforderungen, sondern ein Leben, in dem Sie gerüstet sind, diese Herausforderungen mit Anmut und Belastbarkeit zu meistern. Indem Sie Ihre Gedanken, Handlungen und Wünsche mit Ihrem wahren Selbst in Einklang bringen, schaffen Sie ein harmonisches und erfüllendes Leben.

Dieses Buch bietet praktische Werkzeuge und Erkenntnisse, die Ihnen helfen, Freude in Ihrem täglichen Leben zu entwickeln. Von Dankbarkeitsübungen bis hin zum Setzen von Zielen erfahren Sie, wie Sie ein Leben gestalten, das nicht nur erfolgreich, sondern auch zutiefst befriedigend ist.

Schließlich ist die Aufrechterhaltung des inneren Friedens in einer chaotischen Welt eine lebenslange Übung. Es geht darum, Ihr geistiges und emotionales Wohlbefinden kontinuierlich zu fördern, auch inmitten äußerer Turbulenzen. Dieser anhaltende Frieden ist kein Ziel, sondern eine Lebensweise, die in dem Verständnis wurzelt, dass wahre Stabilität von innen kommt.

Dieses Buch vermittelt Ihnen das Wissen und die Praktiken, um diesen inneren Frieden aufrechtzuerhalten. Ob durch tägliche Meditation, achtsames Leben oder die Verbindung mit der Natur – Sie werden lernen, wie Sie in sich selbst einen Zufluchtsort der Ruhe und Klarheit schaffen.

„Glauben Sie nicht alles, was Ihr Verstand Ihnen sagt" ist mehr als ein Selbsthilfebuch. Es ist ein Leitfaden für eine transformative Reise. Indem Sie die Illusionen des Denkens herausfordern, die Grundursachen des Schmerzes verstehen und Praktiken für geistige Freiheit kultivieren, können Sie ein Leben in beispiellosem Frieden, Liebe und Freude schaffen. Als Psychologin hoffe ich, dass dieses Buch Sie dazu befähigt, Ihre Gedanken zu hinterfragen, Ihr wahres Selbst anzunehmen und einen Weg tiefgreifender innerer Transformation einzuschlagen.

Kapitel 1

Die Illusion des Denkens

Die trügerische Natur von Gedanken verstehen

Gedanken sind die unsichtbaren Fäden, die das Gewebe unserer Realität weben. Sie prägen unsere Wahrnehmung, prägen unsere Emotionen und bestimmen unser Handeln. Doch trotz ihres allgegenwärtigen Einflusses basieren Gedanken nicht immer auf der Wahrheit. Sie sind oft trügerisch und führen uns von der Realität unserer Erfahrungen ab und in das Reich der Illusionen.

Um die trügerische Natur von Gedanken zu verstehen, ist es wichtig zu erkennen, dass Gedanken Konstrukte des Geistes sind. Sie sind Interpretationen der Realität, nicht der Realität selbst. Dieser Unterschied ist subtil, aber tiefgreifend. Unsere Gedanken werden von unseren vergangenen Erfahrungen, Überzeugungen und

Vorurteilen beeinflusst. Sie sind von unseren Ängsten, Wünschen und Erwartungen geprägt. Dadurch vermitteln sie oft ein verzerrtes Bild der Realität.

Bedenken Sie den allgemeinen Gedanken: „Ich bin nicht gut genug." Dieser Gedanke kann aus vergangenen Erfahrungen mit Versagen oder Ablehnung entstehen. Dies kann durch gesellschaftliche Standards und Vergleiche mit anderen verstärkt werden. Es handelt sich jedoch nicht um eine objektive Wahrheit. Es ist eine subjektive Interpretation, eine vom Verstand konstruierte Erzählung. Wenn wir diesen Gedanken für bare Münze nehmen, beginnen wir, uns selbst als mangelhaft wahrzunehmen. Diese Wahrnehmung beeinflusst unsere Emotionen und Verhaltensweisen und führt zu Gefühlen der Unzulänglichkeit und Handlungen, die diesen Glauben verstärken.

Die trügerische Natur der Gedanken kann mit einem lustigen Spiegel verglichen werden. So wie ein Funhouse-Spiegel unser körperliches Erscheinungsbild verzerrt, können Gedanken unsere geistige und emotionale Realität verzerren. Sie können unsere Fehler vergrößern, unsere Stärken minimieren und eine verzerrte Wahrnehmung von uns selbst und unserem Leben erzeugen. Das Erkennen dieser Verzerrung ist der erste Schritt, uns aus ihrem Griff zu befreien.

Wie Gedanken Emotionen und Verhalten beeinflussen

Der Zusammenhang zwischen Gedanken, Emotionen und Verhalten ist komplex und tiefgreifend. Unsere Gedanken dienen als Linse, durch die wir unsere Erfahrungen interpretieren. Diese Interpretation prägt unsere emotionalen Reaktionen und bestimmt wiederum unser Verhalten. Das Verständnis dieses Zusammenhangs ist der Schlüssel zum Verständnis, wie wir unsere emotionalen und Verhaltensmuster ändern können.

Stellen Sie sich vor, Sie erhalten bei der Arbeit ein weniger positives Feedback. Wenn Ihr unmittelbarer Gedanke lautet: „Ich bin ein Versager", wird dieser Gedanke eine Kaskade von Emotionen wie Scham, Traurigkeit und Angst auslösen. Diese Emotionen wiederum beeinflussen Ihr Verhalten. Möglicherweise ziehen Sie sich von Ihren Kollegen zurück, vermeiden es, sich neuen Herausforderungen zu stellen, oder erwägen sogar, Ihren Job zu kündigen. Der erste Gedanke hat eine Kettenreaktion in Gang gesetzt, die sich auf Ihren emotionalen Zustand und Ihre Handlungen auswirkt.

Wenn Sie andererseits dasselbe Feedback mit einem anderen Gedanken interpretieren, beispielsweise „Dies ist eine Chance für Wachstum", werden Ihre emotionalen und verhaltensbezogenen Reaktionen deutlich unterschiedlich sein. Dieser Gedanke könnte Gefühle der Entschlossenheit, Neugier und Optimismus hervorrufen. Diese Emotionen werden Sie dazu veranlassen, konstruktives Feedback einzuholen, an Ihren Verbesserungsmöglichkeiten zu arbeiten und Ihre Arbeit mit neuem Elan anzugehen.

Dieses Beispiel veranschaulicht die Kraft der kognitiven Beurteilung – des Prozesses, mit dem wir Ereignisse bewerten und interpretieren. Unsere Einschätzung bestimmt unsere emotionale und verhaltensbezogene Reaktion. Indem wir unsere Gedanken ändern, können wir unsere Emotionen und Verhaltensweisen ändern. Dieses Prinzip ist das Herzstück der kognitiven Verhaltenstherapie, einem weit verbreiteten Therapieansatz, der Menschen dabei hilft, verzerrte Gedanken zu erkennen und zu hinterfragen, um ihre geistige Gesundheit zu verbessern.

Die Rolle kognitiver Verzerrungen

Kognitive Verzerrungen sind Muster fehlerhaften Denkens, die negative Emotionen und unangepasstes Verhalten verstärken. Es handelt sich um häufige mentale Fallen, die unsere Wahrnehmung der Realität verzerren. Das Verständnis dieser Verzerrungen ist wichtig, um die trügerische Natur von Gedanken zu erkennen.

Eine häufige kognitive Verzerrung ist „Katastrophisieren". Dabei geht es darum, sich das Worst-Case-Szenario in einer bestimmten Situation vorzustellen. Wenn Sie beispielsweise bei der Arbeit einen Fehler machen, geraten Sie möglicherweise in eine Katastrophe, indem Sie denken: „Ich werde gefeuert und werde nie wieder einen Job finden." Dieses Gedankenmuster verstärkt Angst und Furcht und führt zu Verhaltensweisen wie übermäßiger Sorge oder Vermeidung.

Eine weitere häufige Verzerrung ist das „Schwarz-Weiß-Denken", bei dem Situationen als Extreme betrachtet werden, ohne dass es einen Mittelweg gibt. Du könntest zum Beispiel denken: „Wenn ich nicht die perfekte Leistung erbringe, bin ich ein kompletter Versager." Dieses starre Denkmuster erzeugt unnötigen Stress und Druck, da es keinen Raum für Fehler oder Unvollkommenheiten lässt.

„Übergeneralisierung" ist eine weitere Verzerrung, bei der ein einzelnes negatives Ereignis als nie endendes Muster der Niederlage angesehen wird. Wenn Sie beispielsweise eine Meinungsverschiedenheit mit einem Freund haben, denken Sie vielleicht: „Ich bringe meine Beziehungen immer durcheinander." Dieser Gedanke verstärkt Gefühle der Hoffnungslosigkeit und Unzulänglichkeit.

Indem wir diese kognitiven Verzerrungen identifizieren und bekämpfen, können wir beginnen, die durch unsere Gedanken erzeugten Illusionen zu durchschauen. Bei diesem Prozess geht es darum, die Gültigkeit unserer Gedanken in Frage zu stellen und alternative Perspektiven in Betracht zu ziehen. Anstatt zu katastrophalisieren, können wir uns beispielsweise fragen: „Welche Beweise habe ich dafür, dass dieses Worst-Case-Szenario eintreten wird?" Anstelle von Schwarz-Weiß-Denken können wir uns daran erinnern: „Es ist in Ordnung, Fehler zu machen; sie sind Teil des Lernens und des Wachstums."

Die Kraft der Neuausrichtung

Reframing ist eine wirkungsvolle Technik, bei der wir die Art und Weise ändern, wie wir über eine Situation denken, um unsere emotionale und verhaltensbezogene Reaktion zu verändern. Es ist eine Möglichkeit, unsere

Perspektive zu ändern, um die Dinge in einem ausgewogeneren und konstruktiveren Licht zu sehen.

Betrachten Sie den Gedanken: „Ich habe versagt, weil ich darin nicht gut bin." Dieser Gedanke lässt sich folgendermaßen umformulieren: „Diesmal war es mir nicht gelungen, aber ich kann aus dieser Erfahrung lernen und mich verbessern." Die Neuformulierung erkennt die Schwierigkeit an, ohne das Selbst als Versager zu bezeichnen. Es öffnet die Tür zu Wachstum und Verbesserung, anstatt sie mit einem negativen Urteil zu verschließen.

Beim Reframing kann es auch darum gehen, den Kontext zu ändern, in dem wir eine Situation betrachten. Anstatt beispielsweise einen Rückschlag als Misserfolg zu betrachten, können wir ihn als Sprungbrett zum Erfolg betrachten. Dieser Perspektivwechsel kann unsere emotionale Reaktion von Verzweiflung in Entschlossenheit verwandeln und uns zu konstruktivem Handeln motivieren.

Die Praxis der Achtsamkeit

Achtsamkeit ist die Praxis, ohne Urteil auf den gegenwärtigen Moment zu achten. Dabei geht es darum, unsere Gedanken und Gefühle mit einem Gefühl der Neugier und Akzeptanz zu beobachten. Diese Praxis kann uns helfen, die Illusionen des Denkens zu durchschauen und ihren Einfluss auf unsere Gefühle und unser Verhalten zu reduzieren.

Wenn wir Achtsamkeit üben, schaffen wir einen Raum zwischen unseren Gedanken und unseren Reaktionen. Wir lernen, unsere Gedanken als vorübergehende mentale Ereignisse und nicht als Tatsachen zu betrachten. Diese Perspektive ermöglicht es uns, mit größerer Klarheit und Weisheit auf Situationen zu reagieren, anstatt aus Gewohnheit oder Impuls zu reagieren.

Wenn uns zum Beispiel ein Gedanke wie „Ich werde scheitern" auffällt, anstatt ihn sofort zu glauben und uns ängstlich zu fühlen, können wir ihn achtsam beobachten: „Da ist ein Gedanke über das Scheitern." Indem wir diesen Raum schaffen, können wir entscheiden, wie wir reagieren. Wir könnten den Gedanken hinterfragen, ihn neu formulieren oder ihn einfach passieren lassen, ohne uns daran zu binden.

Achtsamkeit hilft uns auch, ein Gefühl der Akzeptanz und des Mitgefühls uns selbst gegenüber zu entwickeln. Indem wir unsere Gedanken ohne Urteil beobachten, können wir eine freundlichere und verständnisvollere Beziehung zu unserem Geist entwickeln. Dieses Selbstmitgefühl ist ein entscheidender Bestandteil des psychischen Wohlbefindens und der Belastbarkeit.

Der Einfluss von Denkmustern auf die psychische Gesundheit

Unsere gewohnheitsmäßigen Denkmuster haben einen erheblichen Einfluss auf unsere geistige Gesundheit. Negative Gedankenmuster können zur Entstehung und Aufrechterhaltung von psychischen Problemen wie Angstzuständen, Depressionen und Stress beitragen. Indem wir diese Muster verstehen und angehen, können wir unser geistiges Wohlbefinden verbessern.

Bei Angst ist der Geist oft auf zukünftige Bedrohungen und Unsicherheiten fixiert. Gedanken wie: „Was ist, wenn etwas Schlimmes passiert?" oder „Ich komme damit nicht klar" schüren die Angst und erzeugen ein Gefühl ständiger Sorge und Furcht. Indem wir diese Gedanken hinterfragen und eine ausgewogenere Perspektive entwickeln, können wir Ängste abbauen und unsere Widerstandsfähigkeit stärken.

Bei einer Depression konzentriert sich der Geist tendenziell auf negative Selbsteinschätzungen und Hoffnungslosigkeit. Gedanken wie „Ich bin wertlos" oder „Die Dinge werden nie besser werden" verstärken Gefühle der Traurigkeit und Verzweiflung. Indem wir diese verzerrten Gedanken erkennen und in Frage stellen, können wir den Teufelskreis der Depression durchbrechen und ein Gefühl der Hoffnung und des Selbstwertgefühls fördern.

Stress wird oft durch Gedanken an Überforderung und Unzulänglichkeit verstärkt. Gedanken wie „Ich schaffe das nicht" oder „Es gibt zu viel zu tun" verstärken das Gefühl von Druck und Anspannung. Indem wir diese Gedanken neu formulieren und Techniken zur Stressreduzierung anwenden, können wir Stress effektiver bewältigen und unseren Gleichgewichtssinn bewahren.

Die Rolle des Selbstmitgefühls

Selbstmitgefühl ist die Praxis, uns selbst mit der gleichen Freundlichkeit und dem gleichen Verständnis zu behandeln, das wir einem Freund entgegenbringen würden. Es geht darum, unsere Unvollkommenheiten und Probleme ohne Urteil anzuerkennen und uns selbst Unterstützung und Ermutigung anzubieten.

Wenn wir auf negative Gedanken stoßen, kann Selbstmitgefühl uns helfen, konstruktiver zu reagieren. Anstatt uns selbst dafür zu kritisieren, dass wir negative Gedanken haben, können wir anerkennen, dass es menschlich ist, solche Gedanken zu haben, und uns selbst Mitgefühl zeigen. Dieser Ansatz reduziert die Auswirkungen negativer Gedanken auf unsere

Emotionen und Verhaltensweisen und fördert ein Gefühl von innerem Frieden und Widerstandsfähigkeit.

Selbstmitgefühl beinhaltet auch die Anerkennung unserer gemeinsamen Menschlichkeit – das Verständnis, dass wir in unseren Kämpfen nicht allein sind. Diese Perspektive hilft uns, uns mit anderen verbunden zu fühlen und reduziert Gefühle der Isolation und Selbstkritik.

Der Weg zur geistigen Freiheit

Der Weg zur geistigen Freiheit besteht darin, die durch unsere Gedanken erzeugten Illusionen zu erkennen und zu lernen, mit größerer Achtsamkeit und Weisheit mit ihnen umzugehen. Es geht darum, verzerrte Denkmuster in Frage zu stellen, unsere Perspektive neu zu definieren und Achtsamkeit und Selbstmitgefühl zu kultivieren.

Bei dieser Reise geht es nicht darum, alle negativen Gedanken zu beseitigen oder einen Zustand konstanter Positivität zu erreichen. Es geht darum, eine ausgeglichenere und konstruktivere Beziehung zu unseren Gedanken aufzubauen. Es geht darum zu erkennen, dass unsere Gedanken nicht immer wahr sind und dass wir die Macht haben, zu entscheiden, wie wir auf sie reagieren.

Indem wir die trügerische Natur von Gedanken und ihren Einfluss auf unsere Emotionen und unser Verhalten verstehen, können wir beginnen, uns von den mentalen Mustern zu befreien, die uns zurückhalten. Wir können einen Zustand geistiger Freiheit kultivieren, der es uns ermöglicht, mit größerer Klarheit, Frieden und Erfüllung zu leben.

Praktische Techniken für herausfordernde Gedanken

Um unsere Gedanken effektiv herauszufordern und neu zu formulieren, ist es hilfreich, praktische Techniken anzuwenden. Diese Techniken können in das tägliche Leben integriert werden, um dauerhafte Veränderungen herbeizuführen.

Gedankenaufzeichnungen

Um eine Gedankenaufzeichnung zu führen, müssen negative Gedanken niedergeschrieben und die darin enthaltenen kognitiven Verzerrungen identifiziert werden. Diese Praxis trägt dazu bei, das Bewusstsein für Denkmuster zu schärfen und bietet die Möglichkeit, diese zu hinterfragen und neu zu definieren.

Sammeln von Beweisen

Wenn ein negativer Gedanke aufkommt, fragen Sie sich: „Welche Beweise habe ich dafür, dass dieser Gedanke wahr ist?" und „Welche Beweise habe ich dafür, dass es nicht wahr ist?" Dieser Prozess hilft, verzerrtem Denken entgegenzuwirken und eine ausgewogenere Perspektive zu entwickeln.

Alternative Perspektiven

Betrachten Sie alternative Perspektiven zum negativen Gedanken. Wenn Sie beispielsweise denken: „Ich werde scheitern", überlegen Sie: „Was sind andere mögliche Ergebnisse?" oder „Was kann ich tun, um meine Erfolgschancen zu erhöhen?"

Achtsamkeitsmeditation

Regelmäßige Achtsamkeitsmeditationsübungen tragen dazu bei, das Bewusstsein für Gedanken zu schärfen und eine vorurtcilsfrcic Haltung ihnen gegenüber zu entwickeln. Diese Praxis kann die Auswirkungen negativer Gedanken reduzieren und die emotionale Regulierung fördern.

Übungen zum Selbstmitgefühl

Nehmen Sie an Selbstmitgefühlsübungen teil, z. B. indem Sie aus der Perspektive eines mitfühlenden Freundes einen Brief an sich selbst schreiben oder eine Meditation über liebevolle Güte praktizieren. Diese Übungen helfen dabei, eine unterstützendere und verständnisvollere Beziehung zu sich selbst aufzubauen.

Die Reise des Verstehens und Umwandelns unserer Gedanken geht weiter. Es erfordert Geduld, Beharrlichkeit und die Bereitschaft, sich unbequemen Wahrheiten zu stellen. Die Belohnungen dieser Reise sind jedoch tiefgreifend. Indem wir die Illusionen des Denkens durchschauen, können wir ein Leben schaffen, das nicht von Angst, Selbstzweifeln oder Negativität bestimmt wird. Wir können einen Geisteszustand kultivieren, der auf der Realität basiert, durch Selbstmitgefühl bereichert und offen für die Möglichkeiten des Wachstums und der Transformation ist.

Kapitel 2

Die Ursache des Schmerzes enthüllen

Identifizieren der Ursachen psychischen und emotionalen Stresses

Auf der Suche nach innerem Frieden und emotionalem Wohlbefinden ist es wichtig, die Ursachen unseres Schmerzes aufzudecken. Psychische und emotionale Belastungen manifestieren sich oft auf eine Weise, die verwirrend oder überwältigend erscheint und uns das Gefühl gibt, gefangen oder machtlos zu sein. Allerdings sind diese Erfahrungen nicht zufällig; Sie haben identifizierbare Quellen, die, sobald sie erkannt werden, angesprochen und transformiert werden können.

Eine der Hauptursachen für psychische und emotionale Belastungen sind ungelöste Traumata. Traumatische Erlebnisse, sei es in der Kindheit oder im Erwachsenenalter, hinterlassen bleibende Spuren in unserer Psyche. Diese Prägungen können unsere Überzeugungen prägen, unser Verhalten beeinflussen und intensive emotionale Reaktionen auslösen. Traumata können viele Formen annehmen, von akuten Ereignissen wie Unfällen oder Übergriffen bis hin zu chronischen Situationen wie anhaltender Vernachlässigung oder emotionalem Missbrauch. Unabhängig von der Art stört ein Trauma unser Gefühl von Sicherheit und Stabilität und führt zu einer Vielzahl psychologischer Probleme, darunter Angstzustände, Depressionen und posttraumatische Belastungsstörungen.

Eine weitere wichtige Ursache für Stress sind unerfüllte Bedürfnisse. Als Menschen haben wir grundlegende Bedürfnisse nach Liebe, Akzeptanz, Sicherheit und Verbindung. Wenn diese Bedürfnisse weder in der Kindheit noch im späteren Leben befriedigt werden, verspüren wir ein Gefühl von Mangel oder Defizit. Dieses unerfüllte Bedürfnis schafft eine Lücke, die wir oft mit verschiedenen Mitteln zu füllen versuchen, von denen einige ungesund oder selbstzerstörerisch sein können. Beispielsweise könnte jemand, der in der

Kindheit nicht ausreichend Zuneigung erfahren hat, Bestätigung durch externe Quellen suchen, was zu Co-Abhängigkeit oder Suchtverhalten führt.

Kognitive Verzerrungen oder fehlerhafte Denkmuster spielen ebenfalls eine entscheidende Rolle bei der Aufrechterhaltung von Stress. Bei diesen Verzerrungen handelt es sich um voreingenommene oder irrationale Denkweisen, die dazu führen, dass wir Situationen auf eine Weise interpretieren, die unser Leiden verschlimmert. Zu den häufigen kognitiven Verzerrungen gehören Katastrophisieren (das Worst-Case-Szenario erwarten), Schwarz-Weiß-Denken (Situationen in Extremsituationen betrachten) und Personalisierung (sich selbst für Ereignisse verantwortlich machen, die außerhalb der eigenen Kontrolle liegen). Diese verzerrten Gedanken schaffen eine mentale Umgebung, die negative Emotionen fördert und Fehlanpassungsverhalten verstärkt.

Darüber hinaus tragen unterdrückte Emotionen erheblich zu psychischen und emotionalen Schmerzen bei. Viele von uns lernen, sei es durch gesellschaftliche Konditionierung oder persönliche Erfahrungen, unsere Emotionen zu unterdrücken oder zu leugnen. Wir könnten glauben, dass bestimmte Gefühle inakzeptabel sind oder dass der Ausdruck von Emotionen ein Zeichen von Schwäche ist. Mit der Zeit bauen sich diese unausgesprochenen Emotionen auf und bilden ein Reservoir ungelöster Spannungen, die sich in Angstzuständen, Depressionen oder körperlichen Beschwerden äußern.

Zwischenmenschliche Beziehungen, insbesondere solche, die durch Konflikte oder Funktionsstörungen gekennzeichnet sind, sind eine weitere Quelle von Stress. Beziehungen haben einen tiefgreifenden Einfluss auf unser emotionales Wohlbefinden. Toxische oder missbräuchliche Beziehungen, sei es mit Familie, Freunden oder Partnern, können unser Selbstwertgefühl untergraben, ein Gefühl der Isolation hervorrufen und emotionalen Schmerz auslösen. Umgekehrt können auch Beziehungen, die nicht übermäßig schädlich sind, denen es aber an gesunder Kommunikation und Grenzen mangelt, zu anhaltendem Stress und Unzufriedenheit führen.

Auch gesellschaftliche und kulturelle Faktoren beeinflussen unsere psychische Gesundheit. Wir leben in einer Welt, die uns oft unrealistische Erwartungen und Ideale auferlegt. Der Druck, sich an gesellschaftliche Standards für Erfolg, Schönheit und Wert zu halten, kann zu Gefühlen der Unzulänglichkeit und Selbstkritik führen. Darüber hinaus schaffen systemische Probleme wie Diskriminierung, wirtschaftliche Ungleichheit und soziale Ungerechtigkeit ein Umfeld, das von Natur aus belastend und schädlich für die psychische Gesundheit ist.

Schließlich können existenzielle Sorgen – Fragen nach Sinn, Zweck und Sterblichkeit – eine tiefgreifende Quelle der Not sein. Viele Menschen kämpfen mit Gefühlen der Leere oder Verzweiflung, wenn sie sich den tieferen Fragen des Lebens stellen. Ohne ein Sinngefühl oder eine Verbindung zu etwas, das größer ist als man selbst, kann es leicht passieren, dass man sich von den Herausforderungen des Daseins hilflos und überwältigt fühlt.

Praktische Schritte zur Bewältigung und Überwindung dieser Grundursachen

Das Erkennen der Ursachen unseres psychischen und emotionalen Schmerzes ist der erste Schritt zur Heilung. Der nächste Schritt besteht darin, praktische, umsetzbare Schritte zu unternehmen, um diese Grundursachen anzugehen und zu überwinden. Dieser Prozess erfordert Engagement, Selbstmitgefühl und die Bereitschaft, sich auf Praktiken einzulassen, die Wachstum und Transformation fördern.

Traumata erkennen und verarbeiten

Die Heilung von einem Trauma beginnt mit der Anerkennung seiner Auswirkungen auf Ihr Leben. Dazu kann es gehören, über vergangene Erfahrungen nachzudenken und zu erkennen, wie diese Ihre Überzeugungen und Verhaltensweisen geprägt haben. Es kann hilfreich sein, sich von einem auf Trauma spezialisierten Therapeuten beraten zu lassen, um diesen Prozess sicher zu meistern. Therapien wie Desensibilisierung und Wiederverarbeitung von Augenbewegungen, somatisches Erleben und traumafokussierte kognitive Verhaltenstherapie sind besonders wirksam bei der Verarbeitung traumatischer Erinnerungen und der Reduzierung ihrer emotionalen Ladung.

Zusätzlich zur professionellen Therapie kann die Teilnahme an Praktiken, die ein Gefühl von Sicherheit und Erdung fördern, von Vorteil sein. Techniken wie Achtsamkeitsmeditation, Atemübungen und körperzentrierte Übungen wie Yoga können Ihnen dabei helfen, sich wieder mit Ihrem Körper zu verbinden und ein Gefühl innerer Stabilität zu schaffen.

Unerfüllte Bedürfnisse erfüllen

Um auf unbefriedigte Bedürfnisse eingehen zu können, muss zunächst ermittelt werden, um welche Bedürfnisse es sich handelt. Dies erfordert eine ehrliche Selbstreflexion und ein Verständnis dafür, was Ihnen in

Ihrer Vergangenheit möglicherweise gefehlt hat. Sobald diese Bedürfnisse erkannt sind, können Sie beginnen, gesunde Wege zu finden, sie zu erfüllen. Dazu kann es gehören, nach unterstützenden Beziehungen zu suchen, Selbstfürsorgepraktiken zu betreiben oder Aktivitäten nachzugehen, die Ihnen Freude und Erfüllung bringen.

Es ist auch wichtig, Selbstmitgefühl und Selbstakzeptanz zu entwickeln. Indem Sie sich selbst mit Freundlichkeit und Verständnis begegnen, können Sie damit beginnen, die durch unerfüllte Bedürfnisse entstandenen Wunden zu heilen und ein stärkeres Selbstwertgefühl aufzubauen.

Herausfordernde kognitive Verzerrungen

Eine Änderung Ihrer Denkweise kann die psychische und emotionale Belastung erheblich reduzieren. Kognitive Verhaltenstechniken sind wirksame Instrumente zur Identifizierung und Bekämpfung kognitiver Verzerrungen. Dabei geht es darum, irrationale oder nicht hilfreiche Gedanken zu erkennen und sie durch ausgewogenere und realistischere zu ersetzen.

Das Führen eines Gedankentagebuchs kann eine nützliche Übung sein. Schreiben Sie belastende Gedanken auf, sobald sie auftreten, und prüfen Sie sie kritisch. Stellen Sie sich Fragen wie: „Welche Beweise habe ich dafür, dass dieser Gedanke wahr ist?" und „Gibt es alternative Erklärungen?" Mit der Zeit kann Ihnen diese Praxis dabei helfen, eine rationalere und weniger belastende Denkweise zu entwickeln.

Emotionen ausdrücken und verarbeiten

Für die emotionale Gesundheit ist es von entscheidender Bedeutung, zu lernen, Emotionen auszudrücken und zu verarbeiten. Dazu kann es gehören, mit einem vertrauenswürdigen Freund oder Therapeuten zu sprechen, Tagebuch zu führen oder sich kreativen Aktivitäten wie Kunst oder Musik zu widmen. Der Schlüssel liegt darin, sich selbst zu erlauben, seine Gefühle zu fühlen und auszudrücken, ohne sie zu beurteilen.

Achtsamkeitsübungen können Ihnen auch dabei helfen, sich Ihrer aufkommenden Emotionen bewusster zu werden. Indem Sie Ihre Emotionen mit Neugier und Akzeptanz beobachten, können Sie beginnen, ihre zugrunde liegenden Ursachen zu verstehen und auf gesunde Weise darauf zu reagieren.

Verbesserung zwischenmenschlicher Beziehungen

Gesunde Beziehungen sind ein Grundstein für emotionales Wohlbefinden. Um Ihre Beziehungen zu verbessern, müssen Sie Kommunikations-, Empathie- und Grenzsetzungsfähigkeiten entwickeln. Wenn Sie lernen, Ihre Bedürfnisse und Gefühle selbstbewusst auszudrücken und gleichzeitig offen für die Perspektiven anderer zu sein, können Sie Ihre Beziehungen verbessern und zwischenmenschlichen Stress reduzieren.

Wenn Sie sich in toxischen oder missbräuchlichen Beziehungen befinden, ist es wichtig, Unterstützung zu suchen und die notwendigen Schritte zum Schutz Ihres Wohlbefindens in Betracht zu ziehen. Dazu kann es gehören, feste Grenzen zu setzen, sich beraten zu lassen oder in manchen Fällen die Beziehung zu beenden.

Umgang mit gesellschaftlichen und kulturellen Zwängen

Die Bewältigung gesellschaftlicher und kultureller Zwänge erfordert die Entwicklung eines starken Selbstbewusstseins und einer starken Widerstandsfähigkeit. Dazu ist es notwendig, gesellschaftliche Standards zu hinterfragen und eigene Werte und Ziele zu definieren. Die Teilnahme an Aktivitäten, die Ihren Werten entsprechen und zu Ihrer Zielstrebigkeit beitragen, kann Ihnen dabei helfen, äußerem Druck zu widerstehen und ein erfüllteres Leben zu führen.

Sich für soziale Veränderungen einzusetzen und mit gleichgesinnten Gemeinschaften in Kontakt zu treten, kann auch ein Gefühl der Selbstbestimmung vermitteln und das Gefühl der Isolation verringern. Indem Sie auf eine gerechtere und gerechtere Gesellschaft hinarbeiten, können Sie Umgebungen schaffen, die die psychische Gesundheit und das Wohlbefinden fördern.

Sinn und Zweck finden

Sinn und Zweck zu finden ist für die Bewältigung existenzieller Anliegen von entscheidender Bedeutung. Dazu kann es gehören, dass Sie Ihre Leidenschaften, Werte und Stärken erforschen, um herauszufinden, was Ihnen ein Gefühl der Erfüllung bringt. Die Teilnahme an Aktivitäten, die zu etwas Größerem als einem selbst beitragen, wie z. B. ehrenamtliche Arbeit oder die Verfolgung kreativer Unternehmungen, kann ein Gefühl von Sinnhaftigkeit und Verbundenheit vermitteln.

Auch spirituelle Praktiken, ob religiös oder weltlich, können Sinn und Trost vermitteln. Übungen wie Meditation, Gebet oder Zeit in der Natur können Ihnen dabei helfen, ein tieferes Gefühl der Zielstrebigkeit und des inneren Friedens zu entwickeln.

Resilienz aufbauen

Resilienz ist die Fähigkeit, sich an Widrigkeiten anzupassen und sich davon zu erholen. Zum Aufbau von Resilienz gehört die Entwicklung von Fähigkeiten und Praktiken, die Ihre Fähigkeit zur Bewältigung von Herausforderungen verbessern. Dazu gehört die Pflege einer positiven Denkweise, die Ausübung von Selbstfürsorge, die Aufrechterhaltung starker sozialer Kontakte und die Entwicklung von Fähigkeiten zur Problemlösung.

Regelmäßige körperliche Aktivität, eine ausgewogene Ernährung und ausreichend Schlaf sind ebenfalls wichtige Bestandteile der Resilienz. Diese Praktiken unterstützen die körperliche Gesundheit, was wiederum das geistige und emotionale Wohlbefinden steigert.

Selbstmitgefühl annehmen

Selbstmitgefühl ist ein wirksames Gegenmittel gegen Kummer. Es geht darum, sich selbst mit der gleichen Freundlichkeit und dem gleichen Verständnis zu behandeln, das Sie einem Freund entgegenbringen würden. Das bedeutet, dass Sie Ihre Probleme ohne

Urteil anerkennen und sich selbst Unterstützung und Ermutigung anbieten.

Das Üben von Selbstmitgefühl kann Aktivitäten wie Selbstberuhigung, positive Selbstgespräche und Selbstfürsorge umfassen. Es bedeutet auch zu erkennen, dass Leiden Teil der menschlichen Erfahrung ist und dass Sie mit Ihren Kämpfen nicht allein sind. Indem Sie Selbstmitgefühl annehmen, heilen Sie sich von Stress und wachsen.

Ich suche professionelle Hilfe

Priorisieren Sie die psychische Gesundheit, indem Sie Unterstützung von Therapeuten, Beratern oder Fachkräften für psychische Gesundheit suchen, wenn emotionale Herausforderungen die persönlichen Bewältigungsressourcen übersteigen. Nutzen Sie evidenzbasierte Interventionen, um die Heilung zu erleichtern und das psychische Wohlbefinden zu fördern.

Der Weg der Heilung von psychischem und emotionalem Stress ist ein transformativer Prozess, der Mut,

Selbstmitgefühl und Engagement erfordert. Durch die Umsetzung dieser praktischen Schritte können Einzelpersonen ihre Widerstandsfähigkeit kultivieren, das Selbstbewusstsein stärken und das emotionale Wohlbefinden fördern und sich so auf ein Leben zubewegen, das von Authentizität, Erfüllung und innerem Frieden geprägt ist.

Kapitel 3

Die Ketten durchbrechen: Negative Muster überwinden

Strategien zum Ausbrechen aus negativen Gedankenschleifen

Negative Gedankenschleifen sind allgegenwärtige, zyklische Muster selbstzerstörerischer Gedanken, die unsere geistige Gesundheit und unser Wohlbefinden erheblich beeinträchtigen können. Um aus diesen Schleifen auszubrechen, ist Bewusstsein der erste und wichtigste Schritt. Ohne die Existenz dieser Gedanken zu erkennen, können wir nicht damit beginnen, uns mit ihnen auseinanderzusetzen. Achten Sie zunächst genau auf Ihren internen Dialog. Wenn ein negativer Gedanke aufkommt, notieren Sie ihn. Besonders hilfreich kann das Führen eines Tagebuchs sein; Schreiben Sie die Gedanken so auf, wie sie kommen, und beschreiben Sie dabei detailliert die Situation, die sie ausgelöst hat, Ihre unmittelbare Reaktion und die Konsequenzen. Mit der

Zeit kann diese Übung Muster in Ihrem Denken aufdecken und Ihnen dabei helfen, die zugrunde liegenden Überzeugungen zu erkennen, die diese Schleifen antreiben.

Wenn Sie diese negativen Gedanken identifiziert haben, stellen Sie sie in Frage. Negative Gedanken beruhen oft auf einer verzerrten Logik und ungeprüften Annahmen. Stellen Sie sich kritische Fragen: „Basiert dieser Gedanke auf Fakten oder Annahmen? Welche Beweise habe ich, um diesen Gedanken zu stützen? Gibt es eine positivere oder ausgewogenere Sichtweise auf diese Situation?" Indem Sie die Gültigkeit Ihrer negativen Gedanken systematisch in Frage stellen, schwächen Sie ihren Einfluss und beginnen, sie als das zu sehen, was sie sind – Übertreibungen oder Fehlinterpretationen und nicht absolute Wahrheiten.

Eine weitere wirksame Strategie besteht darin, negative Gedanken durch positive oder neutrale Alternativen zu ersetzen. Dabei geht es nicht darum, sich ständig zu positivem Denken zu zwingen, sondern vielmehr darum, eine ausgewogenere Perspektive zu finden. Wenn Sie sich zum Beispiel dabei ertappen, dass Sie denken: „Ich versage immer bei allem", kontern Sie dem vielleicht mit: „Ich hatte Rückschläge, aber ich hatte auch Erfolge, und aus beidem kann ich lernen." Diese Praxis der kognitiven Umstrukturierung, die auf der kognitiven Verhaltenstherapie basiert, hilft dabei, Ihre Gedanken auf eine weniger selbstzerstörerische und konstruktivere Weise neu zu ordnen.

Die Entwicklung von Achtsamkeitsfähigkeiten kann auch unglaublich effektiv sein, um negative Gedankenschleifen zu durchbrechen. Achtsamkeit bedeutet, ganz im Augenblick präsent zu sein und die eigenen Gedanken ohne Urteil zu beobachten. Regelmäßige Achtsamkeitsübungen wie Meditation können Ihnen dabei helfen, sich Ihrer Gedankenmuster bewusster zu werden und einen Raum zwischen Ihnen und Ihren Gedanken zu schaffen. Dieser Raum ermöglicht es Ihnen, nachdenklicher auf Ihre Gedanken zu reagieren, anstatt automatisch zu reagieren. Mit der Zeit kann Ihnen Achtsamkeit dabei helfen, Ihre mentalen

Prozesse besser zu kontrollieren und die Häufigkeit und Intensität negativer Gedankenschleifen zu reduzieren.

Schließlich kann der Aufbau eines starken Unterstützungsnetzwerks eine entscheidende Rolle dabei spielen, negative Denkmuster zu durchbrechen. Umgeben Sie sich mit positiven, unterstützenden Menschen, die Perspektive und Ermutigung bieten können. Manchmal kann das Teilen Ihrer Gedanken mit jemandem, dem Sie vertrauen, neue Erkenntnisse liefern und Ihnen helfen, die Dinge aus einem anderen Blickwinkel zu betrachten. Darüber hinaus kann professionelle Hilfe wie Therapie oder Beratung eine strukturierte Anleitung und Unterstützung bieten. Therapeuten können personalisierte Strategien und Tools anbieten, die auf Ihre individuellen Umstände abgestimmt sind und Ihnen dabei helfen, gesündere Denkmuster und Bewältigungsmechanismen zu entwickeln.

Techniken zur Überwindung von Angstzuständen

Angst kann ein schwächender Zustand sein, der oft auf negative Gedankenmuster zurückzuführen ist, die einen ständigen Zustand der Sorge und Angst hervorrufen. Die Überwindung von Ängsten erfordert eine Kombination von Strategien, die sowohl auf den Geist als auch auf den Körper abzielen. Eine wirksame Technik ist das Üben tiefer Atemübungen. Angst führt oft zu flachem, schnellem Atmen, was Panikgefühle verstärken kann. Tiefenatmungsübungen wie die Zwerchfellatmung können helfen, das Nervensystem zu beruhigen und Angstzustände zu reduzieren. Indem Sie langsam und tief atmen und sich auf den Atem konzentrieren, können Sie die Entspannungsreaktion des Körpers aktivieren und sich wieder in einen Zustand der Ruhe versetzen.

Progressive Muskelentspannung ist eine weitere wirkungsvolle Technik zur Angstbewältigung. Bei der progressiven Muskelentspannung werden alle Muskelgruppen im Körper einzeln angespannt und anschließend wieder entspannt. Diese Praxis hilft nicht nur, körperliche Anspannung abzubauen, sondern fördert auch die geistige Entspannung. Indem Sie jede Muskelgruppe, von den Zehen bis zum Kopf, systematisch trainieren, können Sie aufgebaute Verspannungen lösen und ein Gefühl der körperlichen und geistigen Entspannung erzeugen. Regelmäßige PMR-Übungen können Ihnen helfen, sich der Verbindung zwischen Körper und Geist bewusster zu werden und zu erkennen, wie körperliche Entspannung zu geistiger Ruhe führen kann.

Erdungsübungen können auch bei der Bewältigung von Angstzuständen unglaublich hilfreich sein. Erdungstechniken helfen dabei, Sie im gegenwärtigen Moment zu verankern und Sie von den ängstlichen Gedanken wegzuziehen, die oft außer Kontrolle geraten. Eine einfache Erdungsübung besteht darin, sich auf die Empfindungen Ihrer Füße auf dem Boden zu konzentrieren. Achten Sie darauf, wie sich der Boden unter Ihren Füßen anfühlt, auf den Druck und auf die Beschaffenheit. Dieser Fokus auf körperliche Empfindungen kann dabei helfen, Ihren Geist von ängstlichen Gedanken abzulenken und Sie zurück in den gegenwärtigen Moment zu bringen. Weitere Erdungsübungen umfassen das Benennen von Objekten um Sie herum, das Rückwärtszählen von 100 oder die detaillierte Beschreibung Ihrer Umgebung.

Auch kognitiv-verhaltensbezogene Strategien sind für die Überwindung von Angstzuständen unerlässlich. Bei der kognitiven Umstrukturierung, einem Schlüsselbestandteil kognitiv-verhaltensbezogener Strategien, geht es darum, die irrationalen Gedanken, die Angst schüren, zu identifizieren und in Frage zu stellen. Wenn Sie sich beispielsweise übermäßige Sorgen über ein bevorstehendes Ereignis machen, untersuchen Sie die Gedanken, die hinter Ihrer Sorge stehen. Basieren sie auf Fakten oder Annahmen? Was ist das Worst-Case-Szenario und wie wahrscheinlich ist es, dass es eintritt? Indem Sie diese Gedanken in Frage stellen, können Sie ihre Kraft reduzieren und sie durch ausgewogenere, realistischere Perspektiven ersetzen. Darüber hinaus beinhaltet die Konfrontationstherapie, eine weitere kognitiv-verhaltensbezogene Technik, die schrittweise und kontrollierte Auseinandersetzung mit Ihren Ängsten, die dabei hilft, Sie gegenüber angstauslösenden Situationen zu desensibilisieren und Selbstvertrauen aufzubauen.

Schließlich können Änderungen des Lebensstils das Angstniveau erheblich beeinflussen. Regelmäßige körperliche Aktivität, eine ausgewogene Ernährung, ausreichend Schlaf sowie ein reduzierter Koffein- und Alkoholkonsum können zu einer Verringerung der Angstzustände beitragen. Es ist bekannt, dass insbesondere Sport Endorphine freisetzt, die natürliche Stimmungsaufheller sind. Die Teilnahme an Aktivitäten, die Ihnen Spaß machen, die Pflege sozialer Kontakte und die Suche nach einem gesunden Ausgleich zum Stress, wie zum Beispiel Hobbys oder kreative Aktivitäten, können ebenfalls dazu beitragen, Ängste abzubauen und das allgemeine Wohlbefinden zu fördern. Indem Sie diese Techniken und Strategien in Ihren Alltag integrieren, können Sie einen ausgeglicheneren und weniger ängstlichen Geisteszustand erreichen.

Techniken zur Überwindung von Selbstzweifeln

Selbstzweifel sind ein allgegenwärtiges Problem, das das Selbstvertrauen untergraben und Sie daran hindern kann, Ihr volles Potenzial auszuschöpfen. Die Überwindung von Selbstzweifeln beginnt mit der Anerkennung ihrer Präsenz und dem Verständnis ihrer Wurzeln. Selbstzweifel sind oft auf vergangene Erfahrungen, negatives Feedback oder unrealistische Vergleiche mit anderen zurückzuführen. Das Erkennen, woher Ihre Selbstzweifel kommen, kann wertvolle Erkenntnisse und einen Ausgangspunkt für die Bewältigung dieser Probleme liefern. Wenn Sie ein Tagebuch führen, um Fälle von Selbstzweifeln aufzuzeichnen, können Sie Muster und Auslöser erkennen und diese effektiver bekämpfen.

Eine wirksame Technik zur Überwindung von Selbstzweifeln besteht darin, negative Selbstgespräche zu hinterfragen und neu zu formulieren. Selbstzweifel werden oft durch harte, kritische Gedanken über sich selbst genährt. Wenn Sie sich dabei ertappen, wie Sie negativ denken, halten Sie inne und hinterfragen Sie die Gültigkeit dieser Gedanken. Basieren sie auf Fakten oder Annahmen? Würden Sie auf die gleiche Weise mit einem Freund sprechen? Indem Sie diese Gedanken hinterfragen und durch unterstützendere, bestätigende ersetzen, können Sie beginnen, Ihre Denkweise zu ändern. Anstatt zum Beispiel zu denken: „Ich bin nicht gut genug", formulieren Sie es in „Ich bin fähig und verbessere mich ständig."

Selbstmitgefühl aufzubauen ist eine weitere wirkungsvolle Strategie. Selbstmitgefühl bedeutet, sich selbst mit der gleichen Freundlichkeit und dem gleichen Verständnis zu behandeln, das Sie einem Freund entgegenbringen würden. Wenn Sie einen Fehler machen oder einen Rückschlag erleiden, üben Sie Selbstmitgefühl, indem Sie Ihre Gefühle anerkennen, sich daran erinnern, dass Fehler ein natürlicher Teil des Wachstums sind, und sich selbst ermutigende Worte geben. Selbstmitgefühl kann Selbstzweifeln entgegenwirken, indem es einen nachsichtigeren und unterstützenderen inneren Dialog fördert und Ihnen dabei hilft, Widerstandskraft und Selbstvertrauen aufzubauen.

Das Setzen realistischer, erreichbarer Ziele kann auch dabei helfen, Selbstzweifel zu überwinden. Selbstzweifel entstehen oft dadurch, dass man sich unerreichbare Ziele setzt, die einen zum Scheitern bringen. Indem Sie größere Ziele in kleinere, überschaubare Schritte aufteilen, können Sie eine Reihe von Erfolgen erzielen, die Selbstvertrauen aufbauen und ein positives Selbstbild stärken. Feiern Sie Ihre Erfolge, egal wie klein sie sind, und nutzen Sie sie als Beweis für Ihre Fähigkeiten. Dieser schrittweise Ansatz hilft, Dynamik aufzubauen und den negativen Auswirkungen von Selbstzweifeln entgegenzuwirken.

Es ist auch wichtig, sich die Unterstützung anderer zu holen. Umgeben Sie sich mit positiven, unterstützenden Menschen, die an Sie und Ihre Fähigkeiten glauben. Teilen Sie Ihre Gefühle des Selbstzweifels mit vertrauenswürdigen Freunden oder Mentoren, die Ihnen Perspektive, Ermutigung und konstruktives Feedback bieten können. Manchmal kann eine Außenperspektive die nötige Bestätigung und Sicherheit bieten, um Selbstzweifel zu überwinden. Darüber hinaus kann professionelle Hilfe wie Therapie oder Coaching strukturierte Unterstützung und Anleitung bieten. Therapeuten und Coaches können Ihnen dabei helfen, personalisierte Strategien zu entwickeln, um Selbstvertrauen aufzubauen und die zugrunde liegenden Ursachen von Selbstzweifeln anzugehen und so eine solide Grundlage für Wachstum und Selbstsicherheit zu schaffen.

Techniken zur Überwindung von Selbstsabotage

Selbstsabotage ist ein destruktives Verhaltensmuster, bei dem Einzelpersonen ihren eigenen Erfolg und ihr Wohlbefinden gefährden. Um Selbstsabotage zu überwinden, müssen die zugrunde liegenden Gründe für dieses Verhalten verstanden und Strategien umgesetzt werden, um dem entgegenzuwirken. Selbstsabotage entsteht oft aus Angst – Angst vor dem Scheitern, Angst vor Erfolg oder Angst vor dem Unbekannten. Das Erkennen dieser Ängste und ihrer Manifestation in selbstsabotierenden Verhaltensweisen ist der erste Schritt zur Veränderung. Das Führen eines Tagebuchs zur Dokumentation von Vorfällen von Selbstsabotage und den damit verbundenen Gedanken und Emotionen kann wertvolle Einblicke in die Muster und Auslöser dieses Verhaltens liefern.

Eine wirksame Technik zur Überwindung von Selbstsabotage besteht darin, einschränkende Überzeugungen zu erkennen und anzugehen. Einschränkende Überzeugungen sind tief verwurzelte Gedanken, die Sie zurückhalten, wie zum Beispiel „Ich bin nicht gut genug" oder „Ich verdiene keinen Erfolg." Diese Überzeugungen wirken oft unbewusst und beeinflussen Ihre Handlungen und Entscheidungen. Indem Sie diese Überzeugungen an die Oberfläche bringen und in Frage stellen, können Sie beginnen, die Erzählung zu ändern. Fragen Sie sich: „Basiert dieser Glaube auf Fakten oder Annahmen? Wie hat sich dieser Glaube auf mein Leben ausgewirkt? Welche Beweise habe ich, die diesem Glauben widersprechen?" Indem Sie diese Überzeugungen hinterfragen und neu definieren, können Sie eine stärkere Denkweise entwickeln.

Das Setzen klarer, realistischer Ziele und die Entwicklung eines strukturierten Plans zur Erreichung dieser Ziele kann ebenfalls dazu beitragen, Selbstsabotage zu überwinden. Selbstsabotage kommt häufig dann vor, wenn die Ziele vage oder überwältigend sind. Durch die Unterteilung größerer Ziele in kleinere, überschaubare Schritte können Sie einen Erfolgsplan erstellen, der die Wahrscheinlichkeit selbstsabotierenden Verhaltens verringert. Setzen Sie sich spezifische, messbare, erreichbare, relevante und zeitgebundene (S-M-A-R-T) Ziele und verfolgen Sie Ihre Fortschritte regelmäßig. Feiern Sie unterwegs Ihre Erfolge und nutzen Sie sie als Motivation, weiter voranzukommen.

Der Aufbau von Selbstbewusstsein ist entscheidend im Kampf gegen Selbstsabotage. Zur Selbsterkenntnis gehört das Erkennen Ihrer Gedanken, Gefühle und

Verhaltensweisen und das Verstehen, wie diese Ihre Handlungen beeinflussen. Achtsamkeitsübungen wie Meditation können Ihnen helfen, ein größeres Selbstbewusstsein zu entwickeln und einen Raum zwischen Ihren Gedanken und Handlungen zu schaffen. Dieser Raum ermöglicht es Ihnen, nachdenklicher zu reagieren, anstatt impulsiv zu reagieren. Regelmäßige Achtsamkeitsübungen können Ihnen helfen, sich besser auf Ihre selbstsabotierenden Tendenzen einzustellen und gesündere, konstruktivere Reaktionen zu entwickeln.

Schließlich kann die Suche nach Unterstützung bei anderen hilfreich sein, um Selbstsabotage zu überwinden. Teilen Sie Ihre Ziele und Herausforderungen mit vertrauenswürdigen Freunden, Familienmitgliedern oder Mentoren, die Perspektive, Ermutigung und Verantwortung bieten können. Manchmal kann Ihnen eine Außenperspektive dabei helfen, Muster und Lösungen zu erkennen, die Sie möglicherweise übersehen. Auch professionelle Hilfe, etwa eine Therapie oder ein Coaching, kann eine strukturierte Unterstützung und Anleitung bieten.

Therapeuten und Coaches können Ihnen helfen, die zugrunde liegenden Ursachen der Selbstsabotage zu identifizieren, personalisierte Strategien zu deren Bewältigung zu entwickeln und ein unterstützendes Umfeld für Veränderungen zu schaffen.

Aufbau einer unterstützenden Umgebung

Die Schaffung einer unterstützenden Umgebung ist wichtig, um negative Denkmuster zu überwinden und das geistige Wohlbefinden zu fördern. Dazu gehört, sich mit positiven Einflüssen zu umgeben, gesunde Beziehungen zu pflegen und einen Raum zu schaffen, der Wachstum und Selbstmitgefühl fördert. Bewerten Sie zunächst Ihre aktuelle Umgebung und identifizieren Sie alle negativen Einflüsse, die möglicherweise zu Ihren Denkmustern beitragen. Dazu können toxische Beziehungen, stressige Arbeitsumgebungen oder negativer Medienkonsum gehören. Sobald Sie diese Einflüsse identifiziert haben, ergreifen Sie Maßnahmen, um diese Einflüsse zu minimieren oder aus Ihrem Leben zu eliminieren.

Der Aufbau eines starken Unterstützungsnetzwerks ist von entscheidender Bedeutung. Umgeben Sie sich mit positiven, unterstützenden Menschen, die Sie aufrichten und ermutigen. Dazu können Freunde, Familienmitglieder, Mentoren oder Selbsthilfegruppen gehören. Teilen Sie ihnen Ihre Ziele und Herausforderungen mit und zögern Sie nicht, ihre Unterstützung einzuholen. Manchmal kann es schon Erleichterung und neue Perspektiven bringen, wenn man einfach nur über seine Gedanken und Gefühle spricht. Positive Beziehungen können ein Gefühl der Zugehörigkeit und Bestätigung vermitteln und dabei helfen, negativen Denkmustern entgegenzuwirken und das geistige Wohlbefinden zu fördern.

Die Schaffung einer positiven physischen Umgebung kann auch die geistige Gesundheit unterstützen. Dazu gehört, Ihre Wohn- und Arbeitsräume so zu gestalten, dass Ruhe und Produktivität gefördert werden. Durch

Aufräumen, Dekorieren mit fröhlichen Farben und Bildern und die Einbeziehung von Naturelementen wie Pflanzen oder natürlichem Licht können Sie einen Raum schaffen, der einladend und unterstützend wirkt. Ihre physische Umgebung kann einen erheblichen Einfluss auf Ihren Geisteszustand haben. Daher ist es wichtig, Räume zu schaffen, die Sie fördern und inspirieren.

Die Ausübung von Selbstfürsorge ist ein weiterer wichtiger Aspekt beim Aufbau einer unterstützenden Umgebung. Zur Selbstfürsorge gehört es, sich Zeit zu nehmen, um Ihr körperliches, emotionales und geistiges Wohlbefinden zu fördern. Dazu können Aktivitäten wie regelmäßige Bewegung, gesunde Ernährung, ausreichend Schlaf, Entspannungstechniken und die Ausübung von Hobbys oder kreativen Beschäftigungen gehören. Selbstfürsorge ist nicht egoistisch; Es ist ein wesentlicher Bestandteil zur Aufrechterhaltung des Gleichgewichts und zur Vorbeugung von Burnout. Indem Sie der Selbstfürsorge Priorität einräumen, können Sie Ihre Widerstandsfähigkeit stärken und eine starke

Grundlage für die Überwindung negativer Denkmuster schaffen.

Schließlich ist es unerlässlich, bei Bedarf professionelle Unterstützung in Anspruch zu nehmen. Eine Therapie oder Beratung kann einen sicheren Raum bieten, um Ihre Gedanken und Gefühle zu erforschen, zugrunde liegende Probleme zu identifizieren und personalisierte Strategien für Veränderungen zu entwickeln. Therapeuten können evidenzbasierte Techniken und Werkzeuge anbieten, die Ihnen helfen, negative Gedankenmuster zu überwinden und eine gesündere Denkweise aufzubauen. Darüber hinaus kann Ihnen professionelle Unterstützung Verantwortung und Orientierung geben und Ihnen dabei helfen, auf dem richtigen Weg zu bleiben und dauerhafte Veränderungen herbeizuführen. Indem Sie ein unterstützendes Umfeld schaffen, das positive Einflüsse, gesunde Beziehungen, Selbstpflegepraktiken und professionelle Unterstützung umfasst, können Sie eine starke Grundlage für geistiges Wohlbefinden und Belastbarkeit schaffen.

Um die Ketten negativer Gedankenmuster zu durchbrechen, ist ein vielschichtiger Ansatz erforderlich, der das Erkennen und Herausfordern negativer Gedanken, das Üben von Achtsamkeit und Meditation, den Einsatz kognitiver Verhaltenstechniken, den Aufbau von Selbstmitgefühl, das Setzen realistischer Ziele, die Suche nach professioneller Hilfe und die Schaffung eines unterstützenden Umfelds umfasst. Durch die Umsetzung dieser Strategien und Techniken können Sie Ängste, Selbstzweifel und Selbstsabotage überwinden und so den Weg für ein gesünderes, erfüllteres Leben ebnen.

Kapitel 4

Der Weg zur geistigen Freiheit

Schritte zur Erlangung geistiger Klarheit und Freiheit

Das Erreichen geistiger Klarheit und Freiheit ist ein transformativer Prozess, der Engagement, Selbstbewusstsein und die Umsetzung wirksamer Strategien erfordert. Die Reise beginnt damit, den Geist zu entrümpeln, was bedeutet, unnötige Gedanken zu eliminieren und sich auf das zu konzentrieren, was wirklich wichtig ist. Geistiges Durcheinander kann, ähnlich wie körperliches Durcheinander, unsere Fähigkeit, klar zu denken, überfordern und beeinträchtigen. Beginnen Sie damit, die Ursachen für geistige Unordnung in Ihrem Leben zu identifizieren, wie zum Beispiel übermäßige Sorgen, übermäßiges Nachdenken und die ständige Flut von Informationen aus verschiedenen Quellen. Erstellen Sie eine mentale

Bestandsaufnahme dieser Ablenkungen und priorisieren Sie sie nacheinander.

Achtsamkeitsmeditation ist ein wirksames Werkzeug, um geistige Klarheit zu erlangen. Bei dieser Übung trainieren Sie Ihren Geist, präsent zu bleiben und sich voll und ganz auf den aktuellen Moment einzulassen, ohne zu urteilen oder sich ablenken zu lassen. Indem Sie regelmäßig Achtsamkeitsmeditation praktizieren, können Sie die Fähigkeit entwickeln, Ihre Gedanken zu beobachten, ohne sich in ihnen zu verlieren. Diese Übung trägt dazu bei, ein Gefühl der Distanz zwischen Ihnen und Ihren Gedanken zu schaffen, sodass Sie nachdenklicher reagieren können, anstatt impulsiv zu reagieren. Mit der Zeit kann Achtsamkeitsmeditation zu einer deutlichen Reduzierung des mentalen Durcheinanders und einer Steigerung der Klarheit und Konzentration führen.

Ein weiterer entscheidender Schritt zur geistigen Klarheit ist die Festlegung klarer Absichten und Ziele. Eine klare Vorstellung von Ziel und Richtung kann eine solide Grundlage für geistige Freiheit bilden. Nehmen Sie sich Zeit, über Ihre Werte, Leidenschaften und langfristigen Ziele nachzudenken. Schreiben Sie Ihre Ziele auf und teilen Sie sie in kleinere, umsetzbare Schritte auf. Dieser Prozess schafft nicht nur Klarheit darüber, was Sie erreichen möchten, sondern hilft auch, den mentalen Lärm zu beseitigen, der mit Unsicherheit und Unentschlossenheit einhergeht. Indem Sie klare Absichten festlegen und konsequent auf Ihre Ziele hinarbeiten, schaffen Sie einen strukturierten Weg, der geistige Klarheit und Freiheit fördert.

Um geistige Klarheit zu erreichen, ist auch die Aufrechterhaltung eines gesunden Lebensstils unerlässlich. Körperliche und geistige Gesundheit sind eng miteinander verbunden, und die Vernachlässigung des einen kann sich negativ auf den anderen auswirken. Regelmäßige Bewegung, eine ausgewogene Ernährung, ausreichend Schlaf und Flüssigkeitszufuhr sind grundlegende Bestandteile eines gesunden Lebensstils, der die geistige Klarheit fördert. Es hat sich gezeigt, dass insbesondere Bewegung die kognitiven Funktionen verbessert und Stress, Angstzustände und Depressionen reduziert. Integrieren Sie Aktivitäten, die Ihnen Spaß machen, und machen Sie sie zu einem festen Bestandteil Ihrer Routine. Begrenzen Sie außerdem die Aufnahme von Substanzen, die Ihren Geist trüben können, wie Alkohol, Koffein und verarbeitete Lebensmittel.

Regelmäßige mentale Übungen können die Klarheit und geistige Freiheit weiter verbessern. Aktivitäten wie Rätseln, Lesen und das Erlernen neuer Fähigkeiten stimulieren das Gehirn und fördern die kognitive Gesundheit. Journaling ist eine weitere effektive mentale Übung, die es Ihnen ermöglicht, Ihre Gedanken und Gefühle zu verarbeiten. Durch das Aufschreiben Ihrer Erfahrungen, Überlegungen und Erkenntnisse können Sie ein tieferes Verständnis für sich selbst und Ihre mentalen Prozesse erlangen. Diese Praxis hilft nicht nur dabei, den Geist zu entrümpeln, sondern fördert auch das Selbstbewusstsein und das persönliche Wachstum.

Der Aufbau einer unterstützenden Umgebung ist ein weiterer Schlüsselfaktor für das Erreichen geistiger

Klarheit. Umgeben Sie sich mit positiven Einflüssen und schaffen Sie Räume, die Ruhe und Konzentration fördern. Dazu gehört die Pflege gesunder Beziehungen, die Suche nach Unterstützung von vertrauenswürdigen Personen und die Schaffung einer physischen Umgebung, die organisiert und frei von Ablenkungen ist. Durch die Förderung einer unterstützenden Umgebung können Sie Stress reduzieren und einen förderlichen Raum für geistige Klarheit und Freiheit schaffen.

Mühelos gewünschte Lebenserfahrungen schaffen

Beim mühelosen Schaffen gewünschter Lebenserfahrungen geht es nicht darum, Anstrengungen zu umgehen, sondern darum, Ihre Handlungen mit Ihren Absichten in Einklang zu bringen und die Kraft des positiven Denkens und der Visualisierung zu nutzen. Der erste Schritt besteht darin, klar zu definieren, was Sie erreichen oder erleben möchten. Nehmen Sie sich Zeit, um Ihre gewünschten Ergebnisse in anschaulichen Details zu visualisieren. Stellen Sie sich die Emotionen,

Empfindungen und Umstände vor, die mit dem Erreichen Ihrer Ziele verbunden sind. Diese Visualisierungspraxis hilft dabei, eine mentale Blaupause Ihrer gewünschten Erfahrungen zu erstellen und bereitet die Bühne für deren Manifestation in der Realität.

Sobald Sie eine klare Vision haben, richten Sie Ihr Denken und Handeln an Ihren Zielen aus. Dazu gehört es, eine positive Einstellung anzunehmen und sich auf Chancen statt auf Hindernisse zu konzentrieren. Beim positiven Denken geht es nicht darum, Herausforderungen zu ignorieren, sondern lösungsorientiert an sie heranzugehen. Indem Sie eine positive Einstellung bewahren, können Sie positive Erfahrungen machen und eine Dynamik erzeugen, die Sie auf dem Weg zu Ihren Zielen vorantreibt. Üben Sie außerdem Dankbarkeit und Affirmationen, um positive Überzeugungen und Einstellungen zu stärken. Wenn Sie regelmäßig Dankbarkeit für das zum Ausdruck bringen, was Sie haben, und Ihre Fähigkeiten bekräftigen, können Sie Ihren Fokus vom Mangel auf den Überfluss und vom Zweifel auf Zuversicht verlagern.

Zur mühelosen Schaffung gewünschter Lebenserfahrungen gehört auch das Loslassen von Widerständen und das Umarmen des Flusses. Widerstand entsteht oft aus Angst, Zweifel und der Bindung an bestimmte Ergebnisse. Wenn Sie zu sehr daran festhalten, wie die Dinge sein sollten, erzeugen Sie unnötigen Stress und behindern den natürlichen Fluss des Lebens. Üben Sie stattdessen Distanz und Vertrauen in den Prozess. Seien Sie sich darüber im Klaren, dass Sie zwar Absichten festlegen und Maßnahmen ergreifen können, einige Aspekte jedoch außerhalb Ihrer Kontrolle liegen. Akzeptieren Sie die Unsicherheit und bleiben Sie offen für neue Möglichkeiten. Indem Sie Widerstände loslassen und den Dingen erlauben, sich auf natürliche Weise zu entfalten, schaffen Sie Raum für unerwartete Chancen und mühelosen Erfolg.

Ein weiterer entscheidender Aspekt, um mühelos gewünschte Lebenserfahrungen zu schaffen, ist das Ergreifen inspirierter Maßnahmen. Inspiriertes Handeln ist Handeln, das auf Ihre Ziele ausgerichtet ist und von

Leidenschaft und Enthusiasmus angetrieben wird. Es wird nicht durch äußeren Druck erzwungen oder vorangetrieben, sondern kommt von einem Ort innerer Motivation und Klarheit. Achten Sie auf Ihre Intuition und innere Führung und handeln Sie nach den Ideen und Möglichkeiten, die Sie ansprechen. Wenn Sie inspirierte Maßnahmen ergreifen, sind Sie im Einklang mit Ihren Zielen und dem Universum, was oft zu reibungsloseren und müheloseren Fortschritten führt.

Der Aufbau und die Aufrechterhaltung unterstützender Gewohnheiten ist für die nachhaltige Schaffung gewünschter Lebenserfahrungen von entscheidender Bedeutung. Gewohnheiten sind die Bausteine unseres täglichen Lebens und können unsere Fähigkeit, unsere Ziele zu erreichen, erheblich beeinflussen. Identifizieren Sie die Gewohnheiten, die Ihre gewünschten Ergebnisse unterstützen, und integrieren Sie sie in Ihre Routine. Dazu können Gewohnheiten im Zusammenhang mit Gesundheit, Produktivität, Lernen und persönlicher Entwicklung gehören. Konsistenz ist der Schlüssel. Konzentrieren Sie sich daher auf kleine, überschaubare

Änderungen, die Sie im Laufe der Zeit beibehalten können. Durch den Aufbau unterstützender Gewohnheiten schaffen Sie eine Grundlage für kontinuierliches Wachstum und Erfolg.

Sich mit einer positiven und unterstützenden Gemeinschaft zu umgeben, kann auch Ihre Fähigkeit verbessern, mühelos gewünschte Lebenserfahrungen zu schaffen. Suchen Sie nach Personen, die Ihre Werte und Wünsche teilen und die Sie ermutigen, inspirieren und Verantwortung übernehmen können. Engagieren Sie sich in Gemeinschaften und Netzwerken, die Wachstum und positive Veränderungen fördern. Indem Sie sich mit Gleichgesinnten umgeben, können Sie ein unterstützendes Umfeld schaffen, das Ihre Bemühungen verstärkt und Ihren Fortschritt beschleunigt.

Um geistige Klarheit und Freiheit zu erreichen und mühelos gewünschte Lebenserfahrungen zu schaffen, ist eine Kombination aus Selbstbewusstsein, Achtsamkeit, positivem Denken, inspiriertem Handeln, unterstützenden Gewohnheiten und einer fördernden

Umgebung erforderlich. Indem Sie diese Strategien umsetzen und sich weiterhin auf Ihre Ziele konzentrieren, können Sie den Weg zur geistigen Freiheit beschreiten und ein Leben schaffen, das Ihren tiefsten Wünschen und Bestrebungen entspricht.

Kapitel 5

Bedingungslose Liebe und Frieden kultivieren

Praktische Ratschläge zum Erleben bedingungsloser Liebe und Frieden

Bedingungslose Liebe und Frieden zu kultivieren ist eine tiefgreifende Reise, die damit beginnt, sich selbst zu verstehen und zu akzeptieren. Selbstliebe ist die Grundlage bedingungsloser Liebe. Wenn Sie sich selbst wirklich lieben und akzeptieren, schaffen Sie einen Raum in Ihrem Inneren, der frei von Urteilen und voller Mitgefühl ist. Beginnen Sie damit, Ihre Stärken und Schwächen ohne Kritik anzuerkennen. Akzeptieren Sie Ihre Unvollkommenheiten als Teil Ihres einzigartigen Selbst. Selbstmitgefühl zu üben ist unerlässlich; Behandeln Sie sich selbst mit der gleichen Freundlichkeit und dem gleichen Verständnis, das Sie einem lieben Freund entgegenbringen würden. Diese Praxis kann helfen, alte Wunden zu heilen und ein starkes Gefühl von innerem Frieden und Selbstwertgefühl aufzubauen.

Ein weiterer wichtiger Schritt zur Kultivierung bedingungsloser Liebe ist die Entwicklung von Empathie und Mitgefühl für andere. Empathie ermöglicht es Ihnen, die Gefühle eines anderen zu verstehen und zu teilen und fördert so eine tiefe Verbindung und ein Gefühl der Einheit. Üben Sie aktives Zuhören bei der Interaktion mit anderen und lassen Sie sich voll und ganz auf ihre Worte und Gefühle ein, ohne zu urteilen oder zu unterbrechen. Zeigen Sie Mitgefühl, indem Sie auch in schwierigen Situationen Unterstützung und Freundlichkeit anbieten. Indem Sie anderen Liebe und Verständnis entgegenbringen, erzeugen Sie einen Welleneffekt, der Frieden und Harmonie in Ihren Beziehungen und der breiteren Gemeinschaft fördert.

Vergebung ist ein wirksames Mittel, um bedingungslose Liebe und Frieden zu erfahren. Das Festhalten an Groll und Groll kann Ihr Herz schwer belasten und Hindernisse für Liebe und Frieden schaffen. Vergebung bedeutet nicht, verletzendes Verhalten zu dulden, sondern vielmehr, die damit verbundenen negativen Emotionen loszulassen. Üben Sie Vergebung, indem Sie Ihren Schmerz anerkennen, Ihre Gefühle ausdrücken und sich dafür entscheiden, die Last von Wut und Groll loszulassen. Dieser Prozess kann eine Herausforderung sein, ist aber für Ihr emotionales und geistiges Wohlbefinden von entscheidender Bedeutung. Indem Sie anderen und sich selbst vergeben, befreien Sie Ihr Herz von den Fesseln der Vergangenheit und öffnen es für bedingungslose Liebe und Frieden.

Achtsamkeit und Meditation sind unschätzbare Praktiken zur Kultivierung des inneren Friedens. Achtsamkeit bedeutet, ganz im Augenblick präsent zu sein und die eigenen Gedanken und Gefühle ohne Urteil zu beobachten. Regelmäßige Achtsamkeitsübungen können Ihnen helfen, sich Ihrer inneren Erfahrungen bewusster zu werden und einen ruhigen, zentrierten Geisteszustand zu entwickeln. Meditation, insbesondere Liebende-Güte-Meditation, kann Ihre Fähigkeit zur bedingungslosen Liebe verbessern. Bei der

Liebenden-Güte-Meditation konzentrieren Sie sich darauf, Liebe und Mitgefühl an sich selbst und andere zu senden, beginnend bei denen, die Ihnen am nächsten stehen, und sich nach und nach auf alle Wesen auszudehnen. Diese Praxis kann ein tiefes Gefühl der Verbundenheit und des Friedens fördern und Ihre Fähigkeit zur bedingungslosen Liebe fördern.

Um bedingungslose Liebe und Frieden zu erfahren, ist es auch entscheidend, ein Leben voller Sinn und Bedeutung zu schaffen. Denken Sie über Ihre Werte, Leidenschaften und den Einfluss nach, den Sie auf die Welt haben möchten. Nehmen Sie an Aktivitäten teil, die Ihrem Ziel entsprechen und Ihnen Freude bereiten. Dieses Zielstrebigkeitsgefühl kann ein tiefes Gefühl der Erfüllung und des inneren Friedens vermitteln. Üben Sie außerdem Dankbarkeit, indem Sie regelmäßig die positiven Aspekte Ihres Lebens anerkennen und Ihre Wertschätzung für die Liebe und Unterstützung zum Ausdruck bringen, die Sie erhalten. Dankbarkeit kann Ihren Fokus von dem, was fehlt, auf das, was im

Überfluss vorhanden ist, verlagern und so ein Gefühl der Zufriedenheit und des Friedens fördern.

Freude annehmen, unabhängig von äußeren Umständen

Um die Freude unabhängig von äußeren Umständen zu genießen, müssen Sie eine innere Widerstandsfähigkeit und Perspektive entwickeln, die es Ihnen ermöglicht, in jeder Situation glücklich zu sein. Ein effektiver Weg, dies zu erreichen, besteht darin, Dankbarkeit zu üben. Dankbarkeit verlagert Ihren Fokus von dem, was Ihnen fehlt, auf das, was Sie haben, und fördert ein Gefühl von Fülle und Zufriedenheit. Starten Sie ein tägliches Dankbarkeitstagebuch und notieren Sie Dinge, für die Sie dankbar sind, egal wie klein sie sind. Diese Übung kann dabei helfen, Ihr Gehirn neu zu programmieren, damit es die positiven Aspekte Ihres Lebens erkennt und wertschätzt, sodass Sie auch in schwierigen Zeiten leichter Freude finden.

Die Entwicklung einer positiven Einstellung ist ein weiterer Schlüsselfaktor, um Freude zu empfinden. Das bedeutet nicht, Schwierigkeiten zu ignorieren oder so zu tun, als sei alles perfekt, sondern sich dafür zu entscheiden, in jeder Situation das Gute zu sehen. Formulieren Sie negative Gedanken neu, indem Sie nach Lichtblicken und Wachstumschancen suchen. Wenn Sie beispielsweise einen Rückschlag erleiden, konzentrieren Sie sich nicht auf den Misserfolg, sondern darauf, was Sie aus der Erfahrung lernen können und wie sie Sie stärker machen kann. Durch einen bewussten Perspektivwechsel können Sie unabhängig von äußeren Umständen ein Gefühl der Freude und des Optimismus bewahren.

Um einen fröhlichen Geisteszustand aufrechtzuerhalten, ist es wichtig, sich an Aktivitäten zu beteiligen, die Ihnen Freude und Erfüllung bringen. Finden Sie heraus, was Sie glücklich macht, und integrieren Sie diese Aktivitäten in Ihren Alltag. Das kann alles sein: Zeit in der Natur verbringen, einem Hobby nachgehen oder Kontakte zu geliebten Menschen knüpfen. Machen Sie Selbstfürsorge zu einer Priorität und stellen Sie sicher, dass Sie sich jeden Tag Zeit für sich selbst nehmen.

Wenn Sie sich regelmäßig Aktivitäten widmen, die Ihre Seele nähren, schaffen Sie ein Reservoir an Freude, das Sie in schwierigen Zeiten unterstützen kann.

Achtsamkeit und Meditation können Ihnen auch dabei helfen, die Freude im gegenwärtigen Moment zu genießen. Achtsamkeit lehrt Sie, sich voll und ganz auf das Hier und Jetzt einzulassen und die einfachen Freuden des Lebens zu schätzen. Indem Sie Achtsamkeit praktizieren, können Sie sich der Schönheit und Freude bewusster werden, die in jedem Moment vorhanden ist, selbst inmitten von Herausforderungen. Meditation, insbesondere Übungen, die auf Freude und Mitgefühl ausgerichtet sind, können Ihre Fähigkeit verbessern, Ihr inneres Glück zu finden. Regelmäßige Meditation kann Ihnen dabei helfen, ein Gefühl von innerem Frieden und Freude zu entwickeln, das nicht von äußeren Umständen abhängig ist.

Der Aufbau und die Pflege positiver Beziehungen ist entscheidend für das Erleben dauerhafter Freude. Umgeben Sie sich mit Menschen, die Sie ermutigen und unterstützen. Gehen Sie sinnvolle Kontakte ein und üben Sie Freundlichkeit und Mitgefühl in Ihren Interaktionen. Positive Beziehungen bieten emotionale Unterstützung und ein Zugehörigkeitsgefühl, die beide für die Aufrechterhaltung der Freude unerlässlich sind. Suchen Sie außerdem nach Möglichkeiten, anderen zu helfen und einen positiven Einfluss auf Ihre Gemeinde zu haben. Freundliche und dienende Handlungen können ein tiefes Gefühl der Erfüllung und Freude hervorrufen und die Verbundenheit aller Wesen stärken.

Um bedingungslose Liebe und Frieden zu kultivieren und Freude unabhängig von äußeren Umständen zu genießen, ist eine Kombination aus Selbstliebe, Empathie, Vergebung, Achtsamkeit, Dankbarkeit und positiven Beziehungen erforderlich. Indem Sie diese Praktiken in Ihr tägliches Leben integrieren, können Sie eine starke Grundlage für ein Leben voller Liebe, Frieden und Freude schaffen. Denken Sie daran, dass die Reise zu bedingungsloser Liebe und Frieden im Inneren beginnt, und indem Sie diese Eigenschaften in sich selbst fördern, können Sie die Welt um Sie herum positiv beeinflussen.

Kapitel 6

Innere Weisheit und Intuition erwecken

Auf Ihre innere Führung zugreifen und ihr vertrauen

Auf die innere Führung zuzugreifen und ihr zu vertrauen, ist eine tiefgreifende Reise der Selbstfindung und Ermächtigung. Es beginnt damit, eine tiefere Verbindung zu sich selbst aufzubauen, was Selbsterkenntnis und die Bereitschaft erfordert, auf die innere Stimme zu hören. Diese innere Stimme, oft als Intuition bezeichnet, ist eine kraftvolle Quelle der Weisheit, die über rationales Denken hinausgeht und in Ihr Unterbewusstsein eindringt. Um auf diese Anleitung zuzugreifen, müssen Sie in Ihrem Leben einen Raum der Stille und Stille schaffen, der es Ihnen ermöglicht, sich ohne Ablenkungen auf Ihre innere Welt einzustimmen.

Eine wirksame Möglichkeit, diese Verbindung zu fördern, ist Meditation. Meditation ermöglicht es Ihnen, den Geist zu beruhigen und einen Raum zu schaffen, in dem Ihre innere Weisheit zum Vorschein kommt. Nehmen Sie sich zunächst jeden Tag die Zeit, still zu sitzen, sich auf Ihren Atem zu konzentrieren und alle aufkommenden Gedanken loszulassen. Wenn Sie Ihre Praxis vertiefen, werden Sie subtile Einsichten und Gefühle bemerken, die Sie zu Ihrer Wahrheit führen. Diese intuitiven Anstöße kommen oft in Form eines sanften Wissens, eines Bauchgefühls oder eines Gefühls des inneren Friedens, wenn Sie über eine bestimmte Entscheidung nachdenken.

Journaling ist ein weiteres leistungsstarkes Werkzeug, um auf Ihre innere Führung zuzugreifen. Wenn Sie ein Tagebuch führen, führen Sie einen Dialog mit sich selbst und erforschen Ihre Gedanken, Gefühle und Wünsche. Dieser Prozess kann Muster und Erkenntnisse offenbaren, die in Ihrem alltäglichen Denken nicht sofort erkennbar sind. Nehmen Sie sich jeden Tag Zeit, um frei zu schreiben, ohne Urteil oder Zensur. Lassen Sie Ihre

Gedanken auf die Seite fließen und achten Sie auf wiederkehrende Themen oder Nachrichten. Mit der Zeit werden Sie ein klareres Verständnis Ihrer inneren Stimme und der Art und Weise entwickeln, wie diese mit Ihnen kommuniziert.

Der inneren Führung zu vertrauen erfordert Mut und Glauben. Es kann schwierig sein, sich auf die eigene Intuition zu verlassen, insbesondere wenn diese im Widerspruch zur herkömmlichen Meinung oder den Meinungen anderer steht. Ihre innere Führung ist jedoch einzigartig auf Ihren individuellen Weg und Zweck abgestimmt. Um Vertrauen in Ihre Intuition aufzubauen, beginnen Sie damit, auf kleine intuitive Impulse zu reagieren und die Ergebnisse zu beobachten. Denken Sie an vergangene Zeiten, in denen das Befolgen Ihrer Intuition zu positiven Ergebnissen geführt hat. Diese Erfahrungen können Ihr Vertrauen in Ihre innere Weisheit stärken und Sie ermutigen, ihr in Zukunft noch stärker zu vertrauen.

Ein weiterer wichtiger Aspekt beim Zugriff auf Ihre innere Führung und beim Vertrauen darauf besteht darin, zu lernen, sie von Angst und Ego zu unterscheiden. Angst tarnt sich oft als Intuition und führt dazu, dass Sie Entscheidungen auf der Grundlage von Unsicherheit und Zweifel treffen. Das Ego hingegen wird vom Bedürfnis nach Zustimmung und Bestätigung angetrieben. Um wahre Intuition zu erkennen, achten Sie auf die Qualität der aufkommenden Gefühle und Gedanken. Die Intuition ist normalerweise ruhig, klar und geerdet, während Angst und Ego oft von Angst und Dringlichkeit begleitet werden. Üben Sie Achtsamkeit, um sich besser auf diese subtilen Unterschiede einzustellen und Entscheidungen von einem Ort der inneren Klarheit und des Friedens aus zu treffen.

Wenn Sie sich mit unterstützenden und gleichgesinnten Menschen umgeben, können Sie auch besser auf Ihre innere Führung zugreifen und ihr vertrauen. Suchen Sie nach Menschen, die Ihre intuitiven Einsichten fördern und respektieren, und meiden Sie diejenigen, die sie ablehnen oder untergraben. Die Teilnahme an

Gesprächen und Aktivitäten, die die Selbstfindung und das persönliche Wachstum fördern, kann ein positives Umfeld für die Entfaltung Ihrer Intuition schaffen. Indem Sie eine unterstützende Gemeinschaft pflegen, stärken Sie Ihr Engagement, Ihrer inneren Weisheit zu folgen, und schaffen ein Netzwerk der Ermutigung und Bestätigung.

Über die Grenzen des rationalen Denkens hinausgehen

Obwohl rationales Denken ein wesentlicher Aspekt der Entscheidungsfindung ist, hat es seine Grenzen. Rationalität basiert auf Logik, Fakten und Analysen, was manchmal Ihre Fähigkeit einschränken kann, das Gesamtbild zu sehen und tiefere Wahrheiten zu erschließen. Um über diese Grenzen hinauszugehen, muss ein ganzheitlicherer Ansatz gewählt werden, der sowohl rationale als auch intuitive Fähigkeiten integriert. Dieses Gleichgewicht ermöglicht es Ihnen, Entscheidungen zu treffen, die nicht nur logisch sind, sondern auch mit Ihrer inneren Weisheit und Ihren wahren Wünschen im Einklang stehen.

Eine Möglichkeit, über das rationale Denken hinauszugehen, besteht darin, ein Gefühl der Offenheit und Neugier zu entwickeln. Fordern Sie sich heraus, Annahmen zu hinterfragen und neue Perspektiven zu erkunden. Beteiligen Sie sich an Aktivitäten, die Ihre Kreativität und Fantasie anregen, wie zum Beispiel Kunst, Musik oder Schreiben. Diese Übungen können Ihnen dabei helfen, auf Teile Ihres Geistes zuzugreifen, die nicht an Logik und lineares Denken gebunden sind. Indem Sie eine kreative Denkweise fördern, schaffen Sie Raum für die Entstehung intuitiver Erkenntnisse und ergänzen Ihre rationale Analyse.

Traumarbeit ist eine weitere wirksame Methode, um Zugang zu tieferer Weisheit zu erhalten, die über das rationale Denken hinausgeht. Träume sind eine reichhaltige Quelle symbolischer und intuitiver Informationen, die tiefgreifende Einblicke in Ihr Unterbewusstsein bieten können. Führen Sie ein

Traumtagebuch neben Ihrem Bett und notieren Sie Ihre Träume, sobald Sie aufwachen. Denken Sie über die Symbole, Emotionen und Themen nach, die in Ihren Träumen auftauchen, und überlegen Sie, welchen Bezug sie zu Ihrem Wachleben haben. Mit der Zeit werden Sie möglicherweise Muster und Botschaften erkennen, die Orientierung und Klarheit bieten. Träume können verborgene Wahrheiten enthüllen und Lösungen bieten, die Ihr rationaler Verstand möglicherweise nicht in Betracht zieht.

Die Auseinandersetzung mit der Natur kann Ihnen auch dabei helfen, die Grenzen des rationalen Denkens zu überwinden. Die Natur hat die Möglichkeit, Sie zu erden und Sie mit einem tieferen Gefühl von Präsenz und Harmonie zu verbinden. Verbringen Sie Zeit in der Natur, sei es bei einem Spaziergang im Park, einer Wanderung in den Bergen oder einfach beim Sitzen am Meer. Beobachten Sie die Rhythmen und Zyklen der Natur und lassen Sie sich ganz im Augenblick präsent sein. Die Weisheit der Natur kommt oft auf subtile Weise zum Ausdruck und bietet Einsichten und Perspektiven, die durch rationale Analyse allein nicht zugänglich sind.

Das Üben von Achtsamkeit und Präsenz ist entscheidend, um über das rationale Denken hinauszugehen. Achtsamkeit bedeutet, völlig im Augenblick präsent zu sein, ohne Urteil oder Anhaftung. Wenn Sie Achtsamkeit praktizieren, kultivieren Sie einen Bewusstseinszustand, der Ihnen Zugang zu tieferen Bewusstseinsebenen ermöglicht. Dieses erhöhte Bewusstsein kann Erkenntnisse und Lösungen offenbaren, die durch logisches Denken nicht sofort ersichtlich sind. Integrieren Sie Achtsamkeitsübungen in Ihren Alltag, wie zum Beispiel achtsames Atmen, Gehen oder Essen. Diese Praktiken können Ihnen helfen, geerdet und offen für intuitive Führung zu bleiben.

Ein weiterer Ansatz zur Überwindung des rationalen Denkens besteht darin, veränderte Bewusstseinszustände zu erforschen. Praktiken wie Meditation, Atemarbeit und bestimmte Bewegungsformen können veränderte Zustände hervorrufen, die den Zugang zu tieferer

Weisheit erleichtern. Diese Zustände ermöglichen es Ihnen, die Filter des rationalen Geistes zu umgehen und in die unterbewussten und intuitiven Bereiche einzudringen. Experimentieren Sie mit verschiedenen Techniken, um herauszufinden, was Sie anspricht, und nutzen Sie sie als Werkzeuge zur Selbsterforschung und Einsicht. Denken Sie daran, diese Praktiken mit Respekt und Achtsamkeit anzugehen und sicherzustellen, dass Sie eine sichere und unterstützende Umgebung für Ihre Erkundung schaffen.

Um über die Grenzen des rationalen Denkens hinauszugehen, müssen Sie letztendlich einen ganzheitlichen Ansatz verfolgen, der sowohl die logischen als auch die intuitiven Aspekte Ihres Seins berücksichtigt. Durch die Integration dieser Fähigkeiten können Sie Entscheidungen treffen und Ihr Leben mit einem Gefühl von Ausgeglichenheit, Klarheit und Zielstrebigkeit steuern. Vertrauen Sie auf die Weisheit, die aus Ihrem Inneren kommt, und lassen Sie sich von ihr zu einem erfüllteren und authentischeren Leben führen.

Die Erweckung innerer Weisheit und Intuition ist eine transformative Reise, die Selbsterkenntnis, Achtsamkeit und die Bereitschaft erfordert, Ihrer inneren Führung zu vertrauen. Durch die Kultivierung von Praktiken wie Meditation, Tagebuchschreiben und Traumarbeit können Sie tiefere Ebenen der Einsicht und Klarheit erreichen. Wenn Sie einen ganzheitlichen Ansatz verfolgen, der sowohl rationale als auch intuitive Fähigkeiten integriert, können Sie Ihr Leben mit einem Sinn für Ausgeglichenheit und Zielstrebigkeit steuern. Umgeben Sie sich mit unterstützenden Menschen und schaffen Sie ein positives Umfeld, in dem Ihre Intuition gedeihen kann. Indem Sie Ihrer inneren Weisheit vertrauen und sie ehren, können Sie die Grenzen des rationalen Denkens überwinden und ein Leben schaffen, das Ihren wahren Wünschen und Zielen entspricht.

Kapitel 7

Bewusstsein und Bewusstsein erweitern

Techniken zur Erweiterung Ihres Bewusstseins

Die Erweiterung Ihres Bewusstseins ist eine Reise tiefgreifender Selbstfindung und Transformation, die es Ihnen ermöglicht, die Welt über die Grenzen des alltäglichen Denkens hinaus wahrzunehmen und zu verstehen. Eine der wirkungsvollsten Techniken zur Bewusstseinserweiterung ist Meditation. Meditation beruhigt den Geist und öffnet ein Tor zu tieferen Bewusstseinszuständen. Es gibt verschiedene Formen der Meditation, wie Achtsamkeit, transzendentale und geführte Meditation, die jeweils einzigartige Wege zur Erkundung Ihrer inneren Welt bieten. Indem Sie regelmäßig meditieren, können Sie das Geschwätz des Geistes überwinden und ein riesiges Reservoir an innerer Weisheit und Klarheit erschließen.

Eine weitere wirksame Methode zur Bewusstseinserweiterung ist die Atemarbeit. Bewusste Atemtechniken wie Pranayama im Yoga oder holotrope Atemübungen können Ihren Bewusstseinszustand verändern und eine tiefe innere Erforschung erleichtern. Bei diesen Übungen geht es darum, Ihren Atem zu kontrollieren und zu vertiefen, um Ihren mentalen, emotionalen und körperlichen Zustand zu beeinflussen. Atemarbeit kann gespeicherte Emotionen lösen, energetische Blockaden lösen und einen erhöhten Bewusstseinszustand hervorrufen. Indem Sie Atemarbeit in Ihren Alltag integrieren, können Sie auf höhere Bewusstseinsebenen zugreifen und Ihr allgemeines Wohlbefinden steigern.

Die Auseinandersetzung mit der Natur ist auch eine wirkungsvolle Möglichkeit, Ihr Bewusstsein zu erweitern. Zeit in der Natur zu verbringen kann Sie erden und mit dem größeren Netz des Lebens verbinden. Die Natur hat die Möglichkeit, den Geist zu beruhigen und das Herz zu öffnen, sodass Sie sich auf die Rhythmen und Zyklen der natürlichen Welt einstellen können. Ob bei einem Spaziergang im Wald, einer Wanderung in den Bergen oder einfach beim Sitzen an einem Fluss: Das Eintauchen in die Natur kann tiefgreifende Erkenntnisse und ein Gefühl der Verbundenheit vermitteln. Machen Sie es sich zur Gewohnheit, regelmäßig Zeit in der Natur zu verbringen und ihre Schönheit und Weisheit zu beobachten und zu schätzen.

Traumarbeit ist eine weitere Technik zur Bewusstseinserweiterung. Träume sind ein Portal zum Unterbewusstsein und bieten reiche Symbolik und Orientierung. Das Führen eines Traumtagebuchs und das Nachdenken über Ihre Träume können Ihnen dabei helfen, verborgene Aspekte Ihrer selbst aufzudecken und Einblicke in Ihr Wachleben zu gewinnen. Klares Träumen, bei dem Ihnen bewusst wird, dass Sie im Traum träumen, ist eine besonders wirkungsvolle Praxis. Klares Träumen ermöglicht es Ihnen, Ihr Unterbewusstsein bewusst zu erforschen und gibt Ihnen die Möglichkeit, Ihre Traumlandschaft zu navigieren und zu beeinflussen. Indem Sie mit Ihren Träumen arbeiten, können Sie Ihr Bewusstsein erweitern und auf tiefere Ebenen des Verständnisses zugreifen.

Pflanzenheilmittel wie Ayahuasca, Psilocybin-Pilze und Peyote werden seit Jahrhunderten von indigenen Kulturen verwendet, um das Bewusstsein zu erweitern und spirituelles Wachstum zu fördern. Wenn diese Substanzen in einem zeremoniellen und respektvollen Kontext verwendet werden, können sie tiefgreifende Erfahrungen von Einheit, Einsicht und Heilung ermöglichen. Es ist wichtig, sich der Pflanzenmedizin mit Vorsicht, Respekt und der richtigen Anleitung erfahrener Praktiker zu nähern. Diese leistungsstarken Werkzeuge können bedeutende Bewusstseinsveränderungen katalysieren, die Vernetzung allen Lebens offenbaren und tiefgreifende persönliche und spirituelle Einsichten bieten.

Kreativer Ausdruck ist ein weiterer Weg zur Bewusstseinserweiterung. Durch kreative Aktivitäten wie Malen, Schreiben, Tanzen oder Musizieren gelangen Sie in den Flow-Zustand, in dem sich Zeit und

Selbstbewusstsein auflösen. In diesem Zustand können Sie auf tiefere Ebenen der Inspiration und Intuition zugreifen, Ihr Bewusstsein erweitern und sich mit der kreativen Quelle in Ihnen verbinden. Nehmen Sie sich Zeit für kreative Beschäftigungen, die Ihnen Freude bereiten und Ihrer Kreativität freien Lauf lassen. Indem Sie sich kreativ ausdrücken, können Sie die Grenzen des rationalen Geistes überwinden und Zugang zu höheren Bewusstseinszuständen erhalten.

Die Vorteile eines erhöhten Bewusstseins im täglichen Leben

Ein gesteigertes Bewusstsein bringt zahlreiche Vorteile für Ihr tägliches Leben mit sich, steigert Ihr allgemeines Wohlbefinden und bereichert Ihre Erfahrungen. Einer der bedeutendsten Vorteile ist die gesteigerte emotionale Intelligenz. Wenn Sie Ihr Bewusstsein erweitern und sich Ihrer Gedanken, Gefühle und Verhaltensweisen bewusster werden, entwickeln Sie ein tieferes Verständnis für sich selbst und andere. Dieses gesteigerte Selbstbewusstsein ermöglicht Ihnen einen effektiveren

Umgang mit Ihren Emotionen, was zu gesünderen Beziehungen und einer verbesserten Kommunikation führt. Durch die Kultivierung emotionaler Intelligenz können Sie die Herausforderungen des Lebens mit größerer Belastbarkeit und Anmut meistern.

Ein erhöhtes Bewusstsein verbessert auch Ihre Fähigkeit, bewusste Entscheidungen zu treffen. Mit einem tieferen Verständnis Ihrer Werte, Wünsche und Motivationen können Sie Entscheidungen treffen, die Ihrem wahren Selbst entsprechen. Diese klare Zielsetzung hilft Ihnen, authentisch und mit Absicht zu leben, reduziert innere Konflikte und fördert ein Gefühl der Erfüllung. Wenn Sie von einem Ort erhöhten Bewusstseins aus agieren, sind Sie besser auf die subtilen Signale und Synchronizitäten im Leben eingestellt und können so Gelegenheiten ergreifen und ein Leben gestalten, das Ihre höchsten Ziele widerspiegelt.

Ein weiterer Vorteil eines gesteigerten Bewusstseins ist eine verbesserte geistige Klarheit und Konzentration. Wenn Sie Ihr Bewusstsein erweitern, lernen Sie, den

Geist zu beruhigen und geistige Unordnung zu reduzieren. Diese verbesserte geistige Klarheit ermöglicht es Ihnen, sich effektiver auf Aufgaben zu konzentrieren und Entscheidungen präziser zu treffen. Achtsamkeitsübungen wie Meditation und Atemarbeit können Ihren Geist trainieren, präsent und konzentriert zu bleiben, Stress zu reduzieren und die Produktivität zu steigern. Indem Sie einen Zustand erhöhter Achtsamkeit kultivieren, können Sie Ihr tägliches Leben mit einem ruhigen und zentrierten Geist meistern und fundiertere und durchdachtere Entscheidungen treffen.

Ein gesteigertes Bewusstsein führt auch zu einem tieferen Gefühl der Verbundenheit und des Mitgefühls. Wenn Sie Ihr Bewusstsein erweitern, werden Sie sich besser auf die Vernetzung aller Wesen und die Auswirkungen Ihrer Handlungen auf andere einstellen. Dieses Bewusstsein fördert ein Gefühl von Empathie und Mitgefühl und ermöglicht es Ihnen, verständnisvoller und freundlicher mit anderen umzugehen. Indem Sie Mitgefühl kultivieren, können Sie harmonischere und unterstützendere Beziehungen aufbauen und so zu einer liebevolleren und vernetzteren Welt beitragen. Dieses Gefühl der Verbundenheit erstreckt sich über persönliche Beziehungen hinaus auf ein umfassenderes Gefühl der Einheit mit allem Leben und fördert einen tiefen Respekt für die Umwelt und alle Lebewesen.

Ein weiterer tiefgreifender Vorteil eines gesteigerten Bewusstseins ist ein größeres Gefühl von innerem Frieden und Zufriedenheit. Wenn Sie Ihr Bewusstsein erweitern, entwickeln Sie ein tieferes Verständnis für sich selbst und Ihren Platz in der Welt. Dieses Selbstbewusstsein ermöglicht es Ihnen, einschränkende Überzeugungen und Muster loszulassen, die Ihnen nicht mehr dienen, und schafft so Raum für inneren Frieden und Akzeptanz. Indem Sie im Einklang mit Ihrem wahren Selbst leben, erleben Sie ein Gefühl der Harmonie und Erfüllung, das über äußere Umstände hinausgeht. Dieser innere Frieden wird zu einem stabilen Fundament, auf dem Sie die Herausforderungen des Lebens mit Gleichmut und Anmut meistern können.

Ein erhöhtes Bewusstsein steigert auch Ihre Fähigkeit, im Alltag Freude und Dankbarkeit zu empfinden. Je präsenter und achtsamer Sie werden, desto mehr schätzen Sie die einfachen Freuden und die Schönheit, die Sie umgeben. Dieser Perspektivwechsel ermöglicht es Ihnen, jeden Moment zu genießen und ein Gefühl der Dankbarkeit für alles zu entwickeln, was Sie haben. Indem Sie sich auf die positiven Aspekte des Lebens konzentrieren, können Sie Ihr allgemeines Gefühl von Glück und Wohlbefinden steigern. Dieser Zustand erhöhter Achtsamkeit und Dankbarkeit erzeugt eine positive Rückkopplungsschleife, die mehr Freude und Fülle in Ihr Leben bringt.

Die Erweiterung des Bewusstseins und der Wahrnehmung ist eine transformative Reise, die Ihrem täglichen Leben zahlreiche Vorteile bringt. Durch das Üben von Techniken wie Meditation, Atemarbeit, Traumarbeit und kreativem Ausdruck können Sie auf höhere Bewusstseinszustände zugreifen und Ihre innere Weisheit nutzen. Erhöhtes Bewusstsein steigert Ihre emotionale Intelligenz, verbessert die geistige Klarheit und fördert ein tieferes Gefühl der Verbundenheit und des Mitgefühls. Es bringt inneren Frieden, Zufriedenheit und die Fähigkeit, in jedem Moment Freude und Dankbarkeit zu empfinden. Indem Sie sich auf diese Reise der Bewusstseinserweiterung begeben, können Sie ein Leben schaffen, das zutiefst erfüllend und auf Ihr höchstes Selbst ausgerichtet ist.

Kapitel 8

Ermächtigung durch innere Stärke

Das Potenzial des Geistes zur persönlichen Ermächtigung nutzen

Der Geist ist ein mächtiges Werkzeug, das, wenn es effektiv genutzt wird, zu einer tiefgreifenden persönlichen Ermächtigung führen kann. Um das Potenzial des Geistes zu verstehen und zu nutzen, müssen wir den Einfluss von Gedanken, Überzeugungen und Einstellungen auf unser Leben erkennen. Der Weg zur Ermächtigung beginnt mit der Selbsterkenntnis, also der Fähigkeit, die eigenen Gedanken und Gefühle ohne Urteil zu beobachten und zu verstehen. Dieses Bewusstsein bildet die Grundlage für die Transformation negativer Muster und die Kultivierung einer Denkweise, die Wachstum und Selbstbestimmung fördert.

Einer der ersten Schritte zur Nutzung des geistigen Potenzials besteht darin, die Kraft des positiven Denkens zu erkennen. Beim positiven Denken geht es nicht darum, die Realität zu ignorieren oder Schwierigkeiten zu leugnen, sondern darum, Herausforderungen mit einer konstruktiven Denkweise anzugehen. Wenn Sie sich auf positive Ergebnisse und Möglichkeiten konzentrieren, öffnen Sie sich für Möglichkeiten und Lösungen, die sonst vielleicht verborgen bleiben. Dieser Perspektivwechsel kann tiefgreifende Auswirkungen auf Ihr Selbstvertrauen und Ihre Fähigkeit haben, die Herausforderungen des Lebens zu meistern. Indem Sie sich bewusst dafür entscheiden, negative Gedanken durch positive Affirmationen zu ersetzen, können Sie Ihr Gehirn so umprogrammieren, dass es eine stärkere und optimistischere Einstellung annimmt.

Visualisierung ist eine weitere wirkungsvolle Technik, um das Potenzial des Geistes zu nutzen. Bei der Visualisierung geht es darum, lebendige mentale Bilder der gewünschten Ergebnisse und Ziele zu erstellen. Diese Praxis aktiviert das Unterbewusstsein, das nicht zwischen realen und eingebildeten Erfahrungen unterscheiden kann. Durch die regelmäßige Visualisierung von Erfolgen können Sie Ihren Geist so programmieren, dass er auf das Erreichen Ihrer Ziele hinarbeitet. Visualisierung kann die Motivation steigern, die Konzentration verbessern und die Belastbarkeit erhöhen, indem sie den Glauben stärkt, dass Ihre Ziele erreichbar sind. Sportler, Leistungsträger und erfolgreiche Menschen nutzen häufig Visualisierung, um ihre Leistung zu steigern und ihre Ziele zu erreichen.

Achtsamkeits- und Meditationspraktiken sind unerlässlich, um das Potenzial des Geistes zu nutzen. Diese Praktiken kultivieren einen Zustand des Bewusstseins für den gegenwärtigen Moment und ermöglichen es Ihnen, Ihre Gedanken und Gefühle zu beobachten, ohne sich in ihnen zu verstricken. Achtsamkeit hilft Ihnen, ein tieferes Verständnis Ihrer mentalen Prozesse zu entwickeln und ermöglicht es Ihnen, einschränkende Überzeugungen und Muster zu erkennen und zu ändern. Regelmäßige Meditation kann Stress reduzieren, die Konzentration verbessern und die emotionale Regulierung verbessern, was alles zu einem stärkeren Seinszustand beiträgt. Indem Sie Achtsamkeit und Meditation in Ihren Alltag integrieren, können Sie eine solide Grundlage für die persönliche Stärkung schaffen.

Ein weiterer wichtiger Aspekt bei der Nutzung des geistigen Potenzials ist die Entwicklung einer Wachstumsmentalität. Eine Wachstumsmentalität ist die Überzeugung, dass Fähigkeiten und Intelligenz durch Hingabe und harte Arbeit entwickelt werden können. Diese Denkweise steht im Gegensatz zu einer festen Denkweise, die Fähigkeiten als statisch und unveränderlich ansieht. Wenn Sie sich eine wachstumsorientierte Denkweise zu eigen machen, werden Sie dazu ermutigt, Herausforderungen als Chance für Lernen und Wachstum zu sehen und nicht als Bedrohung Ihres Selbstwertgefühls. Wenn Sie diese Perspektive einnehmen, werden Sie widerstandsfähiger und besser gerüstet, um mit Rückschlägen umzugehen. Der Glaube an Ihre Fähigkeit, zu wachsen und sich zu verbessern, befähigt Sie, sich neuen Herausforderungen zu stellen und im Angesicht von Widrigkeiten durchzuhalten.

Selbstmitgefühl ist auch für die persönliche Ermächtigung von entscheidender Bedeutung. Selbstmitgefühl bedeutet, sich selbst mit der gleichen Freundlichkeit und dem gleichen Verständnis zu behandeln, das Sie einem Freund entgegenbringen würden. Es bedeutet, Ihre Unvollkommenheiten und Fehler ohne harte Selbstkritik anzuerkennen. Wenn Sie Selbstmitgefühl üben, schaffen Sie eine unterstützende innere Umgebung, die Wachstum und Widerstandsfähigkeit fördert. Selbstmitgefühl ermöglicht es Ihnen, sich schneller von Misserfolgen und Rückschlägen zu erholen, und gibt Ihnen die Kraft, Ihre Ziele weiterhin mit Zuversicht und Entschlossenheit zu verfolgen. Indem Sie sanft mit sich selbst umgehen, stärken Sie Ihre innere Entschlossenheit und steigern Ihr allgemeines Wohlbefinden.

Aufbau von Resilienz und innerer Stärke

Resilienz ist die Fähigkeit, sich aus Widrigkeiten zu erholen und angesichts von Herausforderungen ein Gefühl des Wohlbefindens zu bewahren. Zum Aufbau von Resilienz gehört die Entwicklung von Fähigkeiten und Einstellungen, die es Ihnen ermöglichen, schwierige Situationen mit Anmut und Stärke zu meistern. Einer der grundlegenden Aspekte der Resilienz ist die Entwicklung eines starken Sinns und Sinns. Wenn Sie ein klares Ziel haben, sind Sie motivierter und können Schwierigkeiten besser ertragen. Denken Sie über Ihre Werte, Leidenschaften und Ziele nach, um herauszufinden, was Ihrem Leben einen Sinn gibt. Diese Zielstrebigkeit kann in schwierigen Zeiten als Orientierungshilfe dienen und Ihnen die Kraft und Entschlossenheit geben, durchzuhalten.

Der Aufbau eines starken Unterstützungsnetzwerks ist auch für den Aufbau von Resilienz von entscheidender Bedeutung. Soziale Verbindungen bieten emotionale Unterstützung, praktische Hilfe und ein

Zugehörigkeitsgefühl. Umgeben Sie sich mit positiven und unterstützenden Menschen, die Sie aufrichten und ermutigen. Teilen Sie Ihre Probleme mit und holen Sie sich bei Bedarf Rat. Der Aufbau und die Pflege starker Beziehungen kann Sie vor den Auswirkungen von Stress und Widrigkeiten schützen und Ihre Fähigkeit verbessern, damit umzugehen und sich zu erholen. Denken Sie daran, dass die Suche nach Hilfe ein Zeichen von Stärke und nicht von Schwäche ist. Durch die Förderung einer unterstützenden Gemeinschaft schaffen Sie ein Sicherheitsnetz, das Ihnen bei der Bewältigung der Herausforderungen des Lebens helfen kann.

Eine weitere Schlüsselkomponente der Resilienz ist die emotionale Regulierung. Bei der Emotionsregulation geht es darum, Ihre Emotionen auf gesunde und konstruktive Weise zu verwalten. Diese Fähigkeit ermöglicht es Ihnen, angesichts von Stress ruhig und gelassen zu bleiben, und erleichtert so die effektive Reaktion auf Herausforderungen. Achtsamkeitsübungen wie Meditation und Atemübungen können Ihnen dabei helfen, Ihre Fähigkeiten zur emotionalen Regulierung zu entwickeln. Indem Sie sich Ihrer emotionalen Reaktionen bewusster werden und lernen, mit ihnen umzugehen, verbessern Sie Ihre Fähigkeit, mit Widrigkeiten umzugehen. Die Entwicklung gesunder Bewältigungsmechanismen, wie körperliche Aktivität, kreativer Ausdruck oder Zeit in der Natur, kann auch die emotionale Regulierung und Belastbarkeit unterstützen.

Eine positive Einstellung zu pflegen ist entscheidend für den Aufbau von Widerstandskraft und innerer Stärke. Optimismus bedeutet, auch unter schwierigen Umständen eine hoffnungsvolle und positive Einstellung zu bewahren. Optimistische Menschen betrachten Herausforderungen eher als vorübergehend und beherrschbar, was ihre Fähigkeit zur Bewältigung verbessert. Üben Sie Dankbarkeit, indem Sie regelmäßig über die positiven Aspekte Ihres Lebens nachdenken und Ihre Wertschätzung dafür zum Ausdruck bringen. Dankbarkeit kann Ihren Fokus von dem, was fehlt, auf das, was im Überfluss vorhanden ist, verlagern und so ein Gefühl der Positivität und des Wohlbefindens fördern. Indem Sie eine optimistische Denkweise pflegen, schaffen Sie eine starke Grundlage für Resilienz und befähigen Sie, Herausforderungen mit Zuversicht anzugehen.

Die Entwicklung von Fähigkeiten zur Problemlösung ist ein weiterer wichtiger Aspekt beim Aufbau von Resilienz. Bei Herausforderungen ist die Fähigkeit, Lösungen zu finden und wirksame Maßnahmen zu ergreifen, von entscheidender Bedeutung. Teilen Sie Probleme in überschaubare Schritte auf und überlegen Sie sich mögliche Lösungen. Bewerten Sie die Vor- und Nachteile jeder Option und wählen Sie die praktikabelste Vorgehensweise. Die Entwicklung eines proaktiven Ansatzes zur Problemlösung stärkt Ihr Kontrollgefühl und versetzt Sie in die Lage, Herausforderungen direkt anzugehen. Indem Sie Ihre Fähigkeiten zur Problemlösung verbessern, werden Sie anpassungsfähiger und besser gerüstet, um Widrigkeiten zu meistern.

Selbstfürsorge ist auch für den Aufbau von Belastbarkeit und innerer Stärke unerlässlich. Die Sorge um Ihr körperliches, emotionales und geistiges Wohlbefinden ist entscheidend für die Aufrechterhaltung der Widerstandsfähigkeit. Priorisieren Sie Aktivitäten, die Sie nähren und regenerieren, wie etwa Bewegung, gesunde Ernährung, ausreichend Schlaf und Entspannung. Beteiligen Sie sich an Aktivitäten, die Ihnen Freude und Erfüllung bringen, sei es ein Hobby, Zeit mit Ihren Lieben verbringen oder einer Leidenschaft nachgehen. Selbstfürsorge ist kein Luxus, sondern eine Notwendigkeit für Resilienz. Indem Sie auf sich selbst achten, schaffen Sie eine solide Grundlage für Ihr Wohlbefinden, die Ihre Fähigkeit unterstützt, mit Stress und Widrigkeiten umzugehen.

Stärkung durch Selbstreflexion und Bewusstsein

Selbstreflexion ist ein wirksames Instrument zur persönlichen Stärkung und zum Aufbau innerer Stärke. Dabei geht es darum, Ihre Gedanken, Gefühle und Verhaltensweisen zu untersuchen, um tiefere Einblicke in sich selbst zu gewinnen. Regelmäßige Selbstreflexion kann Ihnen helfen, Muster zu erkennen, Ihre Beweggründe zu verstehen und Wachstumspotenziale zu erkennen. Journaling ist eine effektive Methode zur Selbstreflexion, die es Ihnen ermöglicht, Ihre innere Welt zu erkunden und Klarheit zu gewinnen. Nehmen Sie sich jeden Tag Zeit, um über Ihre Erfahrungen, Gedanken und Gefühle zu schreiben. Denken Sie über Ihre Herausforderungen und Erfolge nach und überlegen Sie, wie Sie daraus lernen und wachsen können. Durch die Selbstreflexion stärken Sie Ihr Selbstbewusstsein und die Fähigkeit, bewusste Entscheidungen zu treffen.

Achtsamkeitsübungen unterstützen auch die Selbstreflexion und das Bewusstsein. Achtsamkeit bedeutet, mit einer offenen und nicht wertenden Haltung auf den gegenwärtigen Moment zu achten. Es ermöglicht Ihnen, Ihre Gedanken und Gefühle zu beobachten, ohne sich in ihnen zu verlieren. Durch das Praktizieren von Achtsamkeit entwickeln Sie ein tieferes Verständnis Ihrer inneren Erfahrungen und wie diese Ihr Handeln beeinflussen. Achtsamkeit kann in alltägliche Aktivitäten wie Essen, Gehen oder Zuhören integriert werden.

Indem Sie achtsames Bewusstsein in Ihren Alltag bringen, verbessern Sie Ihre Fähigkeit, präsent zu bleiben und bewusste Entscheidungen zu treffen.

Zur Entwicklung des Selbstbewusstseins gehört auch das Verständnis Ihrer Stärken und Schwächen. Erkennen Sie Ihre einzigartigen Talente und Fähigkeiten und erkennen Sie Bereiche an, in denen Sie möglicherweise Verbesserungen benötigen. Dieses Selbstbewusstsein ermöglicht es Ihnen, Ihre Stärken zu nutzen und Ihre Schwächen effektiv anzugehen. Holen Sie Feedback von vertrauenswürdigen Personen ein, um unterschiedliche Perspektiven und Erkenntnisse zu gewinnen. Wenn Sie eine wachstumsorientierte Denkweise annehmen, können Sie Feedback als Chance für Lernen und Wachstum betrachten. Selbstbewusstsein befähigt Sie, fundierte Entscheidungen zu treffen und Maßnahmen zu ergreifen, die Ihrem wahren Selbst entsprechen.

Die Entwicklung von Selbstmitgefühl ist ein weiterer entscheidender Aspekt der Selbsterkenntnis und Selbstbestimmung. Selbstmitgefühl bedeutet, sich selbst mit Freundlichkeit und Verständnis zu begegnen, insbesondere in schwierigen Zeiten. Es bedeutet, Ihre Unvollkommenheiten und Fehler ohne harte Selbstkritik anzuerkennen. Wenn Sie Selbstmitgefühl üben, schaffen Sie eine unterstützende innere Umgebung, die Wachstum und Widerstandsfähigkeit fördert. Selbstmitgefühl ermöglicht es Ihnen, sich schneller von Misserfolgen und Rückschlägen zu erholen, und gibt Ihnen die Kraft, Ihre Ziele weiterhin mit Zuversicht und Entschlossenheit zu verfolgen. Indem Sie sanft mit sich selbst umgehen, stärken Sie Ihre innere Entschlossenheit und steigern Ihr allgemeines Wohlbefinden.

Das Setzen von Grenzen ist auch für die Selbsterkenntnis und Selbstbestimmung von entscheidender Bedeutung. Grenzen definieren, was in Ihren Beziehungen und Interaktionen akzeptabel und inakzeptabel ist. Sie schützen Ihr Wohlbefinden und sorgen dafür, dass Ihre Bedürfnisse erfüllt werden. Beim Setzen von Grenzen geht es darum, anderen Ihre Grenzen und Erwartungen klar mitzuteilen. Es erfordert Selbstbewusstsein, um zu erkennen, wann Grenzen überschritten werden, und den

Mut, diese durchzusetzen. Indem Sie gesunde Grenzen setzen und aufrechterhalten, schaffen Sie ein Gefühl von Sicherheit und Respekt in Ihren Beziehungen. Dadurch können Sie Ihr Wohlbefinden in den Vordergrund stellen und Ihre innere Stärke bewahren.

Förderung der inneren Stärke durch persönliches Wachstum

Persönliches Wachstum ist eine lebenslange Reise, die kontinuierliches Lernen, Selbstverbesserung und Selbstfindung beinhaltet. Um die innere Stärke zu fördern, bedarf es eines Engagements für persönliches Wachstum und der Bereitschaft, die eigene Komfortzone zu verlassen. Einer der Schlüsselaspekte des persönlichen Wachstums ist das Setzen sinnvoller Ziele. Ziele geben Orientierung und Motivation und helfen Ihnen, Ihre Bemühungen auf das zu konzentrieren, was Ihnen wirklich wichtig ist. Setzen Sie sich spezifische, messbare, erreichbare, relevante und zeitgebundene (S-M-A-R-T) Ziele, die mit Ihren Werten und Bestrebungen übereinstimmen. Überprüfen Sie Ihre

Ziele regelmäßig und passen Sie sie an Ihre sich ändernden Prioritäten an. Indem Sie sinnvolle Ziele setzen und verfolgen, befähigen Sie sich, zu wachsen und Ihr volles Potenzial auszuschöpfen.

Das Annehmen von Herausforderungen ist ein weiterer entscheidender Aspekt des persönlichen Wachstums. Herausforderungen bieten Möglichkeiten zum Lernen und zur Weiterentwicklung und drängen Sie dazu, Ihre Fähigkeiten zu erweitern. Anstatt Herausforderungen zu meiden, gehen Sie sie mit einer Wachstumsmentalität an und betrachten Sie sie als Wachstumschancen. Denken Sie über vergangene Herausforderungen nach und überlegen Sie, wie diese zu Ihrem persönlichen Wachstum beigetragen haben. Indem Sie Herausforderungen annehmen, bauen Sie Widerstandskraft und innere Stärke auf und befähigen Sie, Hindernisse zu überwinden und Ihre Ziele zu erreichen.

Die Suche nach neuen Erfahrungen und Lernmöglichkeiten unterstützt auch das persönliche

Wachstum. Nehmen Sie an Aktivitäten teil, die Ihre Fähigkeiten erweitern und Ihnen neue Perspektiven eröffnen. Nehmen Sie ein neues Hobby auf, melden Sie sich für einen Kurs an oder reisen Sie an neue Orte. Diese Erfahrungen erweitern Ihren Horizont und tragen zu Ihrer persönlichen Weiterentwicklung bei. Lebenslanges Lernen ist ein zentraler Bestandteil des persönlichen Wachstums. Bleiben Sie neugierig und offen für neue Ideen und suchen Sie kontinuierlich nach Wissen und Fähigkeiten, die Ihr persönliches und berufliches Leben bereichern. Indem Sie nach neuen Erfahrungen und Lernmöglichkeiten suchen, fördern Sie Ihre innere Stärke und stärken Ihr Wachstum.

Die Entwicklung einer Wachstumsmentalität ist für das persönliche Wachstum von entscheidender Bedeutung. Eine Wachstumsmentalität ist die Überzeugung, dass Fähigkeiten und Intelligenz durch Hingabe und harte Arbeit entwickelt werden können. Diese Denkweise ermutigt Sie, Herausforderungen als Chance zum Lernen und Wachstum zu betrachten und nicht als Bedrohung Ihres Selbstwertgefühls. Nehmen Sie eine

Wachstumsmentalität an, indem Sie Rückschläge als Lernerfahrungen betrachten und angesichts von Schwierigkeiten beharrlich bleiben. Feiern Sie Ihre Fortschritte und Erfolge, egal wie klein sie sind. Durch die Übernahme einer Wachstumsmentalität befähigen Sie sich, sich kontinuierlich zu verbessern und Ihr volles Potenzial auszuschöpfen.

Die Kultivierung von Selbstdisziplin ist auch entscheidend für persönliches Wachstum und innere Stärke. Selbstdisziplin beinhaltet die Fähigkeit, Ihr Verhalten, Ihre Gefühle und Gedanken zu regulieren, um Ihre Ziele zu erreichen. Es erfordert, Prioritäten zu setzen, konzentriert zu bleiben und die Konsistenz Ihrer Handlungen aufrechtzuerhalten. Entwickeln Sie Selbstdisziplin, indem Sie Routinen und Gewohnheiten schaffen, die Ihre Ziele unterstützen. Unterteilen Sie Ihre Ziele in überschaubare Schritte und ergreifen Sie konsequente Maßnahmen, um diese zu erreichen. Üben Sie die verzögerte Befriedigung, indem Sie langfristige Vorteile über kurzfristige Freuden stellen. Indem Sie Selbstdisziplin kultivieren, befähigen Sie sich, sich weiterhin für Ihr persönliches Wachstum einzusetzen und dauerhaften Erfolg zu erzielen.

Aufbau innerer Stärke durch Selbstfürsorge und Ausgeglichenheit

Selbstfürsorge ist wichtig, um die innere Stärke zu fördern und das allgemeine Wohlbefinden aufrechtzuerhalten. Dabei geht es darum, bewusste Maßnahmen zu ergreifen, um für Ihre körperliche, emotionale und geistige Gesundheit zu sorgen. Selbstfürsorge ist kein Luxus, sondern eine Notwendigkeit für den Aufbau von Widerstandskraft und innerer Stärke. Priorisieren Sie Aktivitäten, die Sie nähren und regenerieren, wie etwa Bewegung, gesunde Ernährung, ausreichend Schlaf und Entspannung. Beteiligen Sie sich an Aktivitäten, die Ihnen Freude und Erfüllung bringen, sei es ein Hobby, Zeit mit Ihren Lieben verbringen oder einer Leidenschaft nachgehen. Indem Sie auf sich selbst achten, schaffen Sie eine solide Grundlage für Ihr Wohlbefinden, die Ihre Fähigkeit unterstützt, mit Stress und Widrigkeiten umzugehen.

Auch die Aufrechterhaltung einer gesunden Work-Life-Balance ist entscheidend für den Aufbau innerer Stärke. Bei der Ausgeglichenheit geht es darum, Zeit und Energie verschiedenen Aspekten Ihres Lebens zu widmen, etwa Arbeit, Beziehungen, Selbstfürsorge und persönlichem Wachstum. Es erfordert, Grenzen zu setzen und Ihrem Wohlbefinden Priorität einzuräumen. Denken Sie über Ihr aktuelles Gleichgewicht nach und identifizieren Sie Bereiche, in denen Sie möglicherweise Anpassungen vornehmen müssen. Erstellen Sie einen Zeitplan, der ausreichend Ruhe, Entspannung und Freizeitaktivitäten ermöglicht. Durch die Aufrechterhaltung einer gesunden Work-Life-Balance beugen Sie einem Burnout vor und stellen sicher, dass Sie die Energie und Belastbarkeit haben, sich den Herausforderungen des Lebens zu stellen.

Achtsamkeitsübungen sind ein weiterer wesentlicher Aspekt der Selbstfürsorge und des Gleichgewichts. Achtsamkeit bedeutet, mit einer offenen und nicht wertenden Haltung auf den gegenwärtigen Moment zu achten. Es hilft Ihnen, geerdet und zentriert zu bleiben, reduziert Stress und steigert Ihr allgemeines Wohlbefinden. Integrieren Sie Achtsamkeitsübungen wie Meditation, Atemübungen oder achtsames Gehen in Ihren Alltag. Indem Sie Achtsamkeit praktizieren, verbessern Sie Ihre Fähigkeit, präsent zu bleiben und bewusste Entscheidungen zu treffen. So können Sic dic Herausforderungen des Lebens leichter und belastbarer meistern.

Die Entwicklung gesunder Bewältigungsmechanismen ist auch für die Selbstfürsorge und die innere Stärke von entscheidender Bedeutung. Bewältigungsmechanismen sind Strategien und Verhaltensweisen, die Ihnen helfen, mit Stress und Widrigkeiten umzugehen. Identifizieren Sie gesunde Bewältigungsmechanismen, die für Sie funktionieren, wie z. B. körperliche Aktivität, kreativer Ausdruck, Zeit in der Natur verbringen oder soziale Unterstützung suchen. Vermeiden Sie ungesunde Bewältigungsmechanismen wie Drogenmissbrauch oder Vermeidungsverhalten, die langfristig negative Auswirkungen haben können. Durch die Entwicklung gesunder Bewältigungsmechanismen befähigen Sie sich, mit Stress und Widrigkeiten konstruktiv umzugehen und bauen Widerstandskraft und innere Stärke auf.

Regelmäßige Selbstreflexion und -bewertung sind ebenfalls wichtig, um Selbstfürsorge und Ausgeglichenheit aufrechtzuerhalten. Nehmen Sie sich jede Woche Zeit, um über Ihr Wohlbefinden nachzudenken und Ihre Selbstfürsorgepraktiken zu bewerten. Überlegen Sie, was gut funktioniert und welche Bereiche möglicherweise verbessert werden müssen. Nehmen Sie bei Bedarf Anpassungen vor, um sicherzustellen, dass Ihr Wohlbefinden und die Aufrechterhaltung des Gleichgewichts im Vordergrund stehen. Indem Sie regelmäßig über Ihre Selbstfürsorgepraktiken nachdenken und diese bewerten, befähigen Sie sich, proaktiv zu bleiben und Ihre innere Stärke und Belastbarkeit zu fördern.

Empowerment durch innere Stärke beinhaltet die Nutzung des geistigen Potenzials, den Aufbau von Widerstandskraft und die Förderung des persönlichen

Wachstums. Indem Sie Ihr Selbstbewusstsein kultivieren, sich sinnvolle Ziele setzen, Herausforderungen annehmen und Selbstfürsorge üben, können Sie die innere Stärke entwickeln, die Sie brauchen, um die Herausforderungen des Lebens mit Zuversicht und Anmut zu meistern. Sich durch innere Stärke zu stärken ist eine lebenslange Reise, die Hingabe, Selbstreflexion und die Verpflichtung zu persönlichem Wachstum erfordert. Indem Sie diese Reise annehmen, können Sie ein Leben schaffen, das zutiefst erfüllend und auf Ihr wahres Selbst ausgerichtet ist und Ihnen die Möglichkeit gibt, Ihr volles Potenzial auszuschöpfen und mit Sinn und Zweck zu leben.

Kapitel 9

Zeitlose Weisheit für moderne Herausforderungen

Anwendung alter Weisheit auf zeitgenössische Probleme

Im Laufe der Menschheitsgeschichte haben Zivilisationen tiefgreifende Einsichten und Weisheit entwickelt, um die Komplexität des Lebens zu meistern. Diese alten Lehren, die in verschiedenen Kulturen und Philosophien verwurzelt sind, bieten zeitlose Orientierung, die bei der Bewältigung moderner Herausforderungen weiterhin relevant ist. In der heutigen schnelllebigen, technologiegetriebenen Welt können die Prinzipien der alten Weisheit eine fundierte Perspektive bieten und uns dabei helfen, Gleichgewicht, Sinn und Widerstandsfähigkeit zu finden.

Eine der beständigsten Quellen antiker Weisheit ist die Praxis der Achtsamkeit und Meditation, die seit

Jahrtausenden fester Bestandteil spiritueller Traditionen wie Buddhismus und Hinduismus ist. Diese Praktiken betonen, wie wichtig es ist, präsent zu sein, das Bewusstsein zu kultivieren und eine tiefe Verbindung mit dem inneren Selbst zu entwickeln. In der heutigen Zeit haben Achtsamkeit und Meditation breite Anerkennung für ihre Fähigkeit erlangt, Stress abzubauen, die geistige Klarheit zu steigern und das allgemeine Wohlbefinden zu verbessern. Indem wir diese Praktiken in unsere täglichen Routinen integrieren, können wir ein Gefühl der Ruhe und Konzentration entwickeln und so die Anforderungen des modernen Lebens leichter und belastbarer meistern.

Das Konzept der Vergänglichkeit, das für die buddhistischen Lehren von zentraler Bedeutung ist, bietet eine weitere wertvolle Perspektive für zeitgenössische Herausforderungen. Vergänglichkeit erinnert uns daran, dass alle Dinge vergänglich sind und sich ständig verändern. Dieses Verständnis kann uns helfen, eine flexiblere und anpassungsfähigere Denkweise zu entwickeln, die es uns ermöglicht, mit den

Unsicherheiten und Schwankungen des modernen Lebens umzugehen. Indem wir die Vergänglichkeit der Existenz annehmen, können wir lernen, die Bindung an materielle Besitztümer, Ergebnisse und sogar unsere eigene Identität loszulassen. Dieser Perspektivwechsel kann zu größerer emotionaler Widerstandsfähigkeit führen, da wir weniger auf die unvermeidlichen Höhen und Tiefen des Lebens reagieren.

Auch antike Philosophien betonen die Bedeutung eines Lebens im Einklang mit der Natur. Indigene Kulturen auf der ganzen Welt haben seit langem die Vernetzung aller Lebewesen und die Notwendigkeit erkannt, die natürliche Umwelt zu respektieren und zu schützen. In der heutigen Welt, in der Umweltzerstörung und Klimawandel erhebliche Bedrohungen darstellen, ist diese Weisheit relevanter denn je. Indem wir nachhaltige Praktiken übernehmen, unseren ökologischen Fußabdruck reduzieren und uns für den Umweltschutz einsetzen, können wir die alte Weisheit würdigen, die unsere Verantwortung als Verwalter der Erde betont. Ein Leben im Einklang mit der Natur unterstützt nicht nur die Gesundheit unseres Planeten, sondern fördert auch unser eigenes Wohlbefinden und das Gefühl der Verbundenheit.

Die stoische Philosophie des antiken Griechenlands und Roms bietet eine weitere Quelle zeitloser Weisheit, die auf moderne Herausforderungen angewendet werden kann. Der Stoizismus lehrt, wie wichtig es ist, sich auf das zu konzentrieren, was unter unserer Kontrolle steht, und zu akzeptieren, was nicht unter unserer Kontrolle steht. Diese Perspektive kann uns helfen, eine widerstandsfähigere und proaktivere Herangehensweise an die Schwierigkeiten des Lebens zu entwickeln. Indem wir uns auf unsere Einstellungen, Handlungen und Reaktionen statt auf äußere Umstände konzentrieren, können wir unsere innere Stärke entwickeln und auch im Angesicht von Widrigkeiten ein Gefühl der Entscheidungsfreiheit bewahren. Die stoische Praxis der negativen Visualisierung, die das Nachdenken über Worst-Case-Szenarien beinhaltet, kann uns auch dabei helfen, Resilienz aufzubauen, indem sie uns mental auf potenzielle Herausforderungen vorbereitet und Dankbarkeit für den gegenwärtigen Moment fördert.

Die Lehren des Konfuzianismus, die die Bedeutung von ethischem Verhalten, sozialer Harmonie und persönlicher Entwicklung betonen, bieten wertvolle Orientierungshilfen für das heutige Leben. Konfuzianische Prinzipien wie Respekt vor anderen, kindliche Frömmigkeit und das Streben nach Tugend können uns helfen, die Komplexität moderner Beziehungen und sozialer Strukturen zu meistern. Indem wir Tugenden wie Mitgefühl, Integrität und Demut pflegen, können wir zur Schaffung harmonischerer und gerechterer Gemeinschaften beitragen. Diese Prinzipien ermutigen uns auch, Verantwortung für unser persönliches Wachstum und unsere eigene Entwicklung zu übernehmen und zu erkennen, dass unser Handeln und unser Charakter einen tiefgreifenden Einfluss auf die Welt um uns herum haben.

Alte Weisheiten betonen auch die Bedeutung von Selbsterkenntnis und Selbstbeobachtung. Die delphische

Maxime „Erkenne dich selbst", die dem Orakel von Delphi im antiken Griechenland zugeschrieben wird, unterstreicht die Bedeutung des Selbstbewusstseins für die Führung eines erfüllten und sinnvollen Lebens. In der heutigen Welt, in der Ablenkungen und äußerer Druck uns oft von unserem inneren Selbst abbringen, ist es entscheidend, sich Zeit für Selbstbeobachtung und Selbstreflexion zu nehmen. Praktiken wie Tagebuchschreiben, Meditation und Therapie können uns helfen, tiefere Einblicke in unsere Gedanken, Gefühle und Motivationen zu gewinnen. Durch die Kultivierung der Selbsterkenntnis können wir bewusstere und authentischere Entscheidungen treffen und unser Handeln an unseren wahren Werten und Bestrebungen ausrichten.

Einen dauerhaften Bewusstseinswandel erreichen

Ein dauerhafter Bewusstseinswandel bringt eine tiefgreifende Veränderung in der Art und Weise mit sich, wie wir uns selbst, andere und die Welt um uns herum wahrnehmen. Dieser Wandel geht über vorübergehende Veränderungen im Verhalten oder in der Denkweise hinaus; es stellt eine grundlegende Veränderung in unserer Art zu sein dar. Um diesen Wandel zu erreichen, ist eine Verpflichtung zu kontinuierlicher Selbsterkenntnis, innerer Arbeit und der Integration neuer Perspektiven und Praktiken in unser tägliches Leben erforderlich.

Eine der Schlüsselkomponenten einer dauerhaften Bewusstseinsveränderung ist die Erkenntnis unserer Verbundenheit. Dieses Bewusstsein transzendiert die Illusion der Getrenntheit und erkennt die tiefe Verbundenheit aller Wesen und des Universums. Dieses Verständnis kann zu einem tiefen Gefühl von Mitgefühl, Empathie und Verantwortung für das Wohlergehen anderer und des Planeten führen. Durch die Kultivierung von Praktiken, die die Vernetzung fördern, wie Achtsamkeit, Meditation und freundliche Handlungen, können wir unser Gefühl der Einheit vertiefen und eine integrativere und mitfühlendere Weltanschauung entwickeln.

Ein weiterer wesentlicher Aspekt einer dauerhaften Bewusstseinsveränderung ist die Auflösung des Egos. Das Ego ist der Teil des Geistes, der sich mit dem individuellen Selbst und seinen Wünschen, Ängsten und Bindungen identifiziert. Während das Ego wichtige Funktionen erfüllt, kann es auch Leid erzeugen, indem es ein Gefühl der Trennung, des Wettbewerbs und der Bindung an materielle und äußere Bestätigungen aufrechterhält. Um einen dauerhaften Bewusstseinswandel zu erreichen, müssen wir die Grenzen des Egos erkennen und überwinden, was es uns ermöglicht, uns mit einem tieferen, umfassenderen Selbstgefühl zu verbinden. Praktiken wie Meditation, Selbsterforschung und Achtsamkeit können uns helfen, die Muster des Egos zu beobachten und seinen Griff allmählich zu lockern, wodurch ein Gefühl von innerem Frieden und Gleichmut gefördert wird.

Auch die Kultivierung von Präsenz und Achtsamkeit ist entscheidend für einen dauerhaften Bewusstseinswandel. Präsenz bedeutet, den gegenwärtigen Moment vollständig zu verleben, frei von Ablenkungen durch vergangenes Bedauern und Zukunftsängste. Wenn wir anwesend sind, können wir uns umfassender und authentischer auf das Leben einlassen und den Reichtum jedes Augenblicks wertschätzen. Achtsamkeitsübungen wie Meditation, achtsames Atmen und Körperwahrnehmung können uns dabei helfen, die Fähigkeit zur Präsenz zu entwickeln. Indem wir Achtsamkeit in unser tägliches Leben integrieren, können wir ein gesteigertes Bewusstsein und Verbundenheitsgefühl entwickeln und so unseren Weg zu einem dauerhaften Bewusstseinswandel unterstützen.

Eine ganzheitliche Perspektive ist ein weiterer wichtiger Aspekt dieses Wandels. Eine ganzheitliche Perspektive erkennt die Wechselbeziehung aller Aspekte des Lebens, einschließlich der physischen, mentalen, emotionalen und spirituellen Dimensionen. Dazu gehört das Verständnis, dass wahres Wohlbefinden aus der Integration und dem Gleichgewicht dieser Dimensionen entsteht. Indem wir einen ganzheitlichen Ansatz für unsere Gesundheit, unsere Beziehungen, unsere Arbeit und unser persönliches Wachstum verfolgen, können wir ein harmonischeres und erfüllteres Leben schaffen. Diese Perspektive ermutigt uns, die Weisheit unseres Körpers zu würdigen, unsere emotionale Gesundheit zu fördern, uns sinnvoll zu engagieren und spirituelle Praktiken zu kultivieren, die uns mit einem größeren Sinn für Sinn und Bedeutung verbinden.

Die Praxis der Dankbarkeit trägt auch dazu bei, einen dauerhaften Bewusstseinswandel zu erreichen. Dankbarkeit bedeutet, die positiven Aspekte unseres Lebens zu erkennen und wertzuschätzen, auch angesichts von Herausforderungen. Es verlagert unseren Fokus von dem, was fehlt, auf das, was im Überfluss vorhanden ist, und fördert ein Gefühl der Zufriedenheit und Freude. Regelmäßiges Praktizieren von Dankbarkeit kann unser Gehirn neu vernetzen, damit es sich stärker auf positive Erfahrungen einstellt und die Tendenz, sich mit Negativität zu beschäftigen, verringert. Indem wir Dankbarkeit durch Praktiken wie das Führen eines Dankbarkeitstagebuchs, das Ausdrücken von Dankbarkeit gegenüber anderen und achtsames

Nachdenken kultivieren, können wir unser allgemeines Wohlbefinden verbessern und die Entwicklung eines positiveren und umfassenderen Bewusstseins unterstützen.

Ein weiteres Schlüsselelement, um einen dauerhaften Bewusstseinswandel zu erreichen, ist die Kultivierung von Selbstmitgefühl. Selbstmitgefühl bedeutet, mit Freundlichkeit und Verständnis mit uns selbst umzugehen, insbesondere in Zeiten von Schwierigkeiten oder Misserfolgen. Es erfordert die Anerkennung unserer Unvollkommenheiten und die Erkenntnis, dass Leiden eine gemeinsame menschliche Erfahrung ist. Indem wir Selbstmitgefühl praktizieren, können wir eine unterstützendere und nährendere Beziehung zu uns selbst aufbauen, was wiederum unsere Fähigkeit verbessert, anderen Mitgefühl entgegenzubringen. Selbstmitgefühl kann durch Praktiken wie Achtsamkeit, Selbstreflexion und Selbstfürsorge gefördert werden. Indem wir Selbstmitgefühl annehmen, können wir eine größere emotionale Belastbarkeit und innere Stärke fördern.

Auch das Annehmen der Prinzipien des Nicht-Anhaftens und Loslassens ist für eine dauerhafte Bewusstseinsveränderung unerlässlich. Nicht-Anhaftung bedeutet, dass wir unsere Kontrolle über Wünsche, Ergebnisse und materielle Besitztümer loslassen und erkennen, dass wahre Erfüllung von innen kommt. Loslassen bedeutet nicht Loslösung oder Gleichgültigkeit, sondern vielmehr die Aufgabe des Bedürfnisses, äußere Umstände zu kontrollieren und zu manipulieren. Diese Praxis kann uns von dem Leiden befreien, das durch Festhalten und Abneigung verursacht wird, und ermöglicht uns, mehr Frieden und Gleichmut zu erfahren. Bindungslosigkeit kann durch Achtsamkeit, Meditation und kontemplative Praktiken kultiviert werden. Durch die Akzeptanz der Bindungslosigkeit können wir eine flexiblere und anpassungsfähigere Herangehensweise an das Leben entwickeln.

Ein dauerhafter Bewusstseinswandel beinhaltet auch die Verpflichtung zu kontinuierlichem persönlichem und spirituellem Wachstum. Diese Reise erfordert kontinuierliches Lernen, Selbstreflexion und die

Integration neuer Erkenntnisse und Praktiken in unser Leben. Es geht darum, offen für Veränderungen zu sein und bereit zu sein, alte Muster und Überzeugungen loszulassen, die uns nicht mehr dienen. Persönliches und spirituelles Wachstum kann durch Praktiken wie Meditation, Tagebuchführung, das Lesen spiritueller Texte und die Teilnahme an sinnvollen Gesprächen unterstützt werden. Indem wir uns für unser Wachstum und unsere Entwicklung engagieren, können wir unser Verständnis von uns selbst und der Welt vertiefen und so unseren Weg zu einem erweiterten und aufgeklärteren Bewusstsein unterstützen.

Um einen dauerhaften Bewusstseinswandel zu erreichen, müssen wir alte Weisheiten in unser modernes Leben integrieren, Praktiken kultivieren, die Verbundenheit, Präsenz und Selbstbewusstsein fördern, und uns zu kontinuierlichem persönlichem und spirituellem Wachstum verpflichten. Diese Reise erfordert Hingabe, Offenheit und die Bereitschaft, neue Perspektiven und Praktiken anzunehmen. Indem wir diese transformative Reise unternehmen, können wir ein tieferes Verständnis für uns selbst, andere und das Universum entwickeln, was letztendlich zu einer erfüllenderen und aufgeklärteren Lebensweise führt. Die Annahme zeitloser Weisheit und das Erreichen eines dauerhaften Bewusstseinswandels können uns befähigen, moderne Herausforderungen mit größerer Belastbarkeit, Mitgefühl und Klarheit zu meistern und ein Leben mit tiefem Sinn und Zweck zu schaffen.

Kapitel 10

Die Reise der Selbstfindung

Verbinde dich mit deinem wahren Selbst

Die Reise der Selbstfindung ist ein tiefgreifender und transformativer Prozess, der es Ihnen ermöglicht, sich mit Ihrem wahren Selbst zu verbinden. In einer Welt voller äußerer Einflüsse und gesellschaftlicher Erwartungen kann es sowohl herausfordernd als auch befreiend sein, sein authentisches Selbst zu finden und anzunehmen. Diese Reise erfordert Mut, Selbstbeobachtung und die Bereitschaft, die Schichten der Konditionierung abzustreifen, die Ihre Identität geprägt haben. Wenn Sie sich auf diesen Weg begeben, können Sie ein tieferes Gefühl von Zielstrebigkeit, Erfüllung und innerem Frieden entdecken.

Die Verbindung mit Ihrem wahren Selbst beginnt mit der Kultivierung des Selbstbewusstseins. Zur

Selbsterkenntnis gehört es, auf Ihre Gedanken, Emotionen und Verhaltensweisen zu achten und zu verstehen, wie diese mit Ihren Werten und Überzeugungen übereinstimmen. Dieser Prozess erfordert, dass Sie sich Zeit nehmen, über Ihre Erfahrungen nachzudenken, Ihre Annahmen zu hinterfragen und die Beweggründe hinter Ihrem Handeln zu untersuchen. Praktiken wie Tagebuchschreiben, Meditation und Achtsamkeit können Ihnen dabei helfen, Ihr Selbstbewusstsein zu entwickeln. Durch die regelmäßige Ausübung dieser Praktiken können Sie Einblicke in Ihre wahre Natur gewinnen und beginnen, zwischen Ihrem authentischen Selbst und den Persönlichkeiten zu unterscheiden, die Sie übernommen haben, um externen Erwartungen gerecht zu werden.

Einer der Schlüsselaspekte bei der Verbindung mit Ihrem wahren Selbst besteht darin, Ihre Grundwerte zu identifizieren und zu würdigen. Grundwerte sind die Grundprinzipien und Überzeugungen, die Ihre Entscheidungen und Handlungen leiten. Sie repräsentieren, was Ihnen wirklich wichtig ist und spiegeln Ihr authentisches Selbst wider. Um Ihre Grundwerte zu identifizieren, denken Sie an die Momente in Ihrem Leben, in denen Sie sich am erfülltesten und im Einklang mit Ihrem wahren Selbst gefühlt haben. Welche Eigenschaften oder Prinzipien waren in diesen Momenten vorhanden? Durch die Klärung Ihrer Grundwerte können Sie gezieltere Entscheidungen treffen, die Ihrem authentischen Selbst entsprechen und ein Leben schaffen, das zutiefst bedeutungsvoll und befriedigend ist.

Ein weiterer wichtiger Aspekt der Verbindung mit Ihrem wahren Selbst ist die Akzeptanz Ihrer einzigartigen Stärken und Talente. Jeder Mensch verfügt über einzigartige Fähigkeiten und Begabungen, die zu seiner Individualität beitragen. Allerdings können gesellschaftlicher Druck und Vergleiche manchmal dazu führen, dass wir unsere einzigartigen Qualitäten unterschätzen oder ablehnen. Um sich wieder mit Ihrem wahren Selbst zu verbinden, nehmen Sie sich Zeit, Ihre Stärken und Talente zu erkennen und zu schätzen. Denken Sie über die Aktivitäten nach, die Ihnen Freude und Erfolgserlebnisse bereiten. Berücksichtigen Sie das positive Feedback, das Sie von anderen erhalten haben, und die Bereiche, in denen Sie von Natur aus herausragende Leistungen erbringen. Indem Sie Ihre einzigartigen Stärken annehmen und fördern, können Sie Ihr authentisches Selbst besser zum Ausdruck bringen und Ihre Gaben in die Welt einbringen.

Um sich mit Ihrem wahren Selbst zu verbinden, müssen Sie auch einschränkende Überzeugungen und selbst auferlegte Einschränkungen loslassen. Einschränkende Überzeugungen sind negative oder falsche Annahmen über Sie selbst und Ihre Fähigkeiten, die Sie davon abhalten, Ihr volles Potenzial auszuschöpfen. Diese Überzeugungen werden oft als Reaktion auf vergangene Erfahrungen, gesellschaftliche Botschaften oder den Einfluss anderer gebildet. Um sich von diesen Einschränkungen zu befreien, ist es wichtig, Ihre einschränkenden Überzeugungen in Frage zu stellen und neu zu formulieren. Stellen Sie die Gültigkeit dieser Überzeugungen in Frage und ziehen Sie alternative Perspektiven in Betracht, die Sie stärken und erheben.

Indem Sie einschränkende Überzeugungen loslassen, schaffen Sie Raum für die Entfaltung und Entfaltung Ihres wahren Selbst.

Das Praktizieren von Selbstmitgefühl ist ein weiterer wesentlicher Aspekt der Verbindung mit deinem wahren Selbst. Selbstmitgefühl bedeutet, sich selbst mit Freundlichkeit und Verständnis zu begegnen, insbesondere in Zeiten von Schwierigkeiten oder Misserfolgen. Es erfordert, dass Sie Ihre Unvollkommenheiten anerkennen und erkennen, dass Sie genauso wie Sie der Liebe und Akzeptanz würdig sind. Selbstmitgefühl kann durch Praktiken wie Achtsamkeit, Selbstreflexion und Selbstfürsorge gefördert werden. Indem Sie Selbstmitgefühl annehmen, können Sie eine unterstützende und nährende Beziehung zu sich selbst aufbauen, was wiederum Ihre Fähigkeit verbessert, sich mit Ihrem authentischen Selbst zu verbinden.

Um sich mit Ihrem wahren Selbst zu verbinden, müssen Sie auch Grenzen setzen und Ihrem Wohlbefinden

Priorität einräumen. Grenzen sind die Grenzen, die Sie setzen, um Ihre körperliche, emotionale und geistige Gesundheit zu schützen. Sie helfen Ihnen, einen Sinn für Ausgeglichenheit und Integrität zu bewahren, indem sie definieren, was im Umgang mit anderen akzeptabel und was inakzeptabel ist. Das Setzen von Grenzen erfordert Selbstbewusstsein, Durchsetzungsvermögen und die Fähigkeit, bei Bedarf Nein zu sagen. Indem Sie gesunde Grenzen setzen und aufrechterhalten, schaffen Sie eine sichere und unterstützende Umgebung, die es Ihrem wahren Selbst ermöglicht, sich zu entfalten.

Ein weiterer wichtiger Aspekt der Verbindung mit Ihrem wahren Selbst ist die Pflege sinnvoller Beziehungen. Beziehungen spielen eine wichtige Rolle bei der Gestaltung unseres Selbstwertgefühls und unseres allgemeinen Wohlbefindens. Umgeben Sie sich mit Menschen, die Sie unterstützen und ermutigen und die Sie ermutigen, Ihr authentisches Selbst zu sein. Suchen Sie nach Beziehungen, die auf gegenseitigem Respekt, Vertrauen und echter Verbundenheit basieren. Indem Sie sinnvolle Beziehungen pflegen, schaffen Sie ein

Netzwerk der Unterstützung, das Ihren Weg der Selbstfindung und des persönlichen Wachstums stärkt.

Die Verbindung mit Ihrem wahren Selbst ist eine Reise der Selbsterkenntnis, Selbstakzeptanz und des persönlichen Wachstums. Es geht darum, Ihre Grundwerte zu identifizieren und zu würdigen, Ihre einzigartigen Stärken zu nutzen, einschränkende Überzeugungen in Frage zu stellen, Selbstmitgefühl zu üben, Grenzen zu setzen und sinnvolle Beziehungen zu pflegen. Wenn Sie sich auf diese Reise begeben, können Sie ein tieferes Gefühl von Sinn und Erfüllung entdecken und ein Leben schaffen, das mit Ihrem authentischen Selbst übereinstimmt. Diese Reise erfordert Mut, Selbstbeobachtung und die Verpflichtung, im Einklang mit Ihrer wahren Natur zu leben. Letztendlich ist die Verbindung mit Ihrem wahren Selbst ein Weg zu innerem Frieden, Belastbarkeit und einem sinnvolleren und erfüllteren Leben.

Erkunden Sie Ihre innere Welt für ein tieferes Verständnis

Auf der Reise der Selbstfindung geht es nicht nur darum, sich mit Ihrem wahren Selbst zu verbinden, sondern auch darum, Ihre innere Welt zu erkunden, um ein tieferes Verständnis zu erlangen. Bei dieser Erkundung geht es darum, in die Tiefen Ihres Geistes, Ihrer Emotionen und Ihres Geistes einzutauchen, um die verborgenen Aspekte Ihrer selbst aufzudecken, die Ihre Gedanken, Verhaltensweisen und Erfahrungen prägen. Indem Sie ein tieferes Verständnis Ihrer inneren Welt erlangen, können Sie Ihr Potenzial freisetzen, vergangene Wunden heilen und ein authentischeres und erfüllteres Leben schaffen.

Die Erkundung Ihrer inneren Welt beginnt mit der Entwicklung von Neugier und Offenheit. Gehen Sie Ihre innere Erkundung mit einem Gefühl des Staunens und der Bereitschaft zum Lernen an. Unterlassen Sie Ihr Urteil und seien Sie offen für alles, was entsteht, egal ob es angenehm oder unangenehm ist. Diese Denkweise ermöglicht es Ihnen, Ihre innere Welt mit Mitgefühl und Akzeptanz zu erkunden und so einen sicheren Raum für die Selbstfindung zu schaffen. Praktiken wie Achtsamkeit, Meditation und Tagebuchführung können Ihnen dabei helfen, dieses Gefühl der Neugier und Offenheit zu kultivieren und so tiefere Einblicke in Ihre innere Welt zu gewinnen.

Einer der Schlüsselaspekte bei der Erkundung Ihrer inneren Welt ist das Verstehen Ihrer Emotionen. Emotionen sind starke Indikatoren für unsere inneren Erfahrungen und können wertvolle Einblicke in unsere Bedürfnisse, Wünsche und ungelösten Probleme liefern. Nehmen Sie sich Zeit, Ihre Gefühle zu beobachten und darüber nachzudenken, ohne zu versuchen, sie zu unterdrücken oder zu verändern. Beachten Sie, wie unterschiedliche Emotionen als Reaktion auf verschiedene Situationen entstehen, und erforschen Sie die zugrunde liegenden Gedanken und Überzeugungen, die zu diesen Emotionen beitragen. Indem Sie Ihre emotionalen Muster verstehen, können Sie mehr Klarheit über Ihre innere Welt gewinnen und gesündere Wege entwickeln, auf Ihre Emotionen zu reagieren.

Ein weiterer wichtiger Aspekt bei der Erkundung Ihrer inneren Welt ist die Untersuchung Ihrer Gedanken und Überzeugungen. Unsere Gedanken und Überzeugungen prägen unsere Wahrnehmung und beeinflussen unser Handeln, oft unterhalb der Ebene des bewussten Bewusstseins. Nehmen Sie sich Zeit, über Ihre gewohnten Denkmuster nachzudenken und zu überlegen, wie diese sich auf Ihr Leben auswirken. Gibt es wiederkehrende Themen oder negative Selbstgespräche, die Sie zurückhalten? Gibt es einschränkende Überzeugungen, die Sie daran hindern, Ihre Träume zu verwirklichen? Indem Sie Ihre Gedanken und Überzeugungen hinterfragen und hinterfragen, können Sie mentale Muster erkennen und loslassen, die Ihnen nicht mehr dienen, und so Raum für neue Perspektiven und Möglichkeiten schaffen.

Die Erkundung Ihrer inneren Welt bedeutet auch, sich wieder mit Ihrer Intuition zu verbinden. Intuition ist das innere Wissen, das aus einem tiefen Gefühl der Verbindung mit Ihrem wahren Selbst entsteht. Es ist die Stimme Ihrer inneren Weisheit, die Sie zu Ihrem höchsten Wohl führt. In einer Welt, in der Logik und Rationalität oft im Vordergrund stehen, kann die Wiederverbindung mit Ihrer Intuition ein wirkungsvolles Werkzeug zur Selbstfindung und Entscheidungsfindung sein. Übungen wie Meditation, Achtsamkeit und Zeit in der Natur können Ihnen helfen, den Lärm der Außenwelt zu beruhigen und sich auf Ihre innere Führung einzustimmen. Indem Sie auf Ihre Intuition hören und ihr vertrauen, können Sie Ihr Leben klarer und selbstbewusster gestalten.

Die Heilung vergangener Wunden ist ein weiterer wesentlicher Aspekt bei der Erkundung Ihrer inneren Welt. Vergangene Erfahrungen, insbesondere solche, die schmerzhaft oder traumatisch waren, können bleibende Spuren in unserer Psyche hinterlassen und unsere Gedanken, Gefühle und Verhaltensweisen beeinflussen. Nehmen Sie sich Zeit, über Ihre vergangenen Erfahrungen nachzudenken und darüber nachzudenken, wie diese Ihre aktuelle Realität geprägt haben. Gibt es ungelöste Probleme oder anhaltende Verletzungen, die angegangen werden müssen? Suchen Sie nach Heilpraktiken wie Therapie, Energiearbeit oder kreativem Ausdruck, um Ihren Heilungsweg zu unterstützen. Indem Sie vergangene Wunden anerkennen und heilen, können Sie den emotionalen Ballast loslassen, der Sie zurückhält, und Raum für neues Wachstum und Transformation schaffen.

Zur Erkundung Ihrer inneren Welt gehört auch die Umarmung Ihres Schattenselbsts. Das Schattenselbst repräsentiert die Teile von uns selbst, die wir unterdrückt oder verleugnet haben, oft weil wir sie als inakzeptabel oder unerwünscht erachten. Zu diesen Aspekten von uns selbst können Ängste, Unsicherheiten und ungelöste Konflikte gehören. Das Umarmen Ihres Schattenselbst erfordert Mut und Selbstmitgefühl. Es geht darum, diese Aspekte Ihrer selbst anzuerkennen und zu integrieren, anstatt sie zu unterdrücken oder abzulehnen. Indem Sie Ihr Schattenselbst umarmen, können Sie mehr Ganzheit und Authentizität erreichen und so ein integrierteres und ausgeglicheneres Leben führen.

Ein weiterer wichtiger Aspekt bei der Erkundung Ihrer inneren Welt ist die Verbindung mit Ihrem spirituellen Selbst. Das spirituelle Selbst stellt den tieferen, transzendenten Aspekt Ihres Wesens dar, der mit einem größeren Sinn für Zweck und Bedeutung verbunden ist. Nehmen Sie sich Zeit, Ihre spirituellen Überzeugungen und Praktiken zu erforschen und zu überlegen, wie sie mit Ihrem wahren Selbst übereinstimmen. Nehmen Sie an Praktiken teil, die Ihre spirituelle Verbindung fördern, wie etwa Meditation, Gebet oder kontemplatives Lesen. Indem Sie sich mit Ihrem spirituellen Selbst verbinden, können Sie ein tieferes Gefühl des inneren Friedens und der Ausrichtung erlangen und Führung und Inspiration für Ihre Reise der Selbstfindung finden.

Die Erkundung Ihrer inneren Welt beinhaltet auch die Entwicklung eines Gefühls von Selbstmitgefühl und Selbstakzeptanz. Selbstmitgefühl bedeutet, sich selbst mit Freundlichkeit und Verständnis zu begegnen, insbesondere in Zeiten von Schwierigkeiten oder Misserfolgen. Es erfordert, dass Sie Ihre Unvollkommenheiten anerkennen und erkennen, dass Sie genauso wie Sie der Liebe und Akzeptanz würdig sind. Selbstakzeptanz bedeutet, alle Aspekte Ihrer selbst, einschließlich Ihrer Stärken und Schwächen, anzunehmen und zu erkennen, dass Sie von Natur aus wertvoll sind. Indem Sie Selbstmitgefühl und Selbstakzeptanz kultivieren, schaffen Sie eine unterstützende und nährende Umgebung für Ihre innere Erkundung und Ihr Wachstum.

Die Reise der Selbstfindung beinhaltet, sich mit Ihrem wahren Selbst zu verbinden und Ihre innere Welt zu erkunden, um ein tieferes Verständnis zu erlangen. Diese Reise erfordert Neugier, Offenheit und die Bereitschaft, alle Aspekte von dir selbst anzunehmen, einschließlich deiner Emotionen, Gedanken, Intuition, vergangenen Wunden, deinem Schattenselbst und deinem spirituellen Selbst. Durch die Ausübung von Praktiken, die Selbstbewusstsein, Heilung und Selbstmitgefühl unterstützen, können Sie wertvolle Einblicke in Ihre innere Welt gewinnen und Ihr Potenzial für persönliches Wachstum und Transformation freisetzen. Diese Reise erfordert Hingabe, Mut und die Verpflichtung, im Einklang mit Ihrer wahren Natur zu leben. Letztendlich ist die Erkundung Ihrer inneren Welt ein Weg zu mehr Selbstbewusstsein, Widerstandsfähigkeit und einem sinnvolleren und erfüllteren Leben.

Kapitel 11

Verbinde dich mit deiner Seele

Die Suche nach wahrer Erfüllung ist seit langem eine Reise, die über bloße körperliche und materielle Errungenschaften hinausgeht. Während das Erreichen beruflicher Meilensteine, das Anhäufen von Vermögen und der Aufbau von Beziehungen ein gewisses Maß an Zufriedenheit mit sich bringen kann, stellen viele Menschen fest, dass diese äußeren Erfolgsindikatoren oft eine Sehnsucht nach etwas Tieferem wecken. Diese Sehnsucht ist ein Ruf der Seele – eines Teils unseres Wesens, der über das Physische hinausgeht und eine tiefe Verbindung mit der Essenz dessen sucht, wer wir sind. Die Verbindung mit Ihrer Seele ist nicht nur ein abstraktes Konzept, sondern eine lebenswichtige Praxis, die Klarheit, Frieden und ein Gefühl der Ganzheit bringt, das äußere Errungenschaften allein nicht bieten können.

Wahre Erfüllung entsteht, wenn wir unser Leben auf den Zweck unserer Seele ausrichten. Die Seele ist der Sitz unserer tiefsten Wünsche, Werte und Wahrheiten. Es enthält die Blaupause unseres authentischsten Selbst und unseres höchsten Potenzials. Wenn wir diese innere Stimme ignorieren, führen wir möglicherweise ein Leben, das nach außen hin erfolgreich aussieht, sich aber nach innen leer anfühlt. Diese Trennung kann sich in einem anhaltenden Gefühl der Unruhe, dem Gefühl, dass etwas fehlt, oder einem Mangel an echter Freude äußern. Wenn wir uns umgekehrt mit unserer Seele verbinden, richten wir unsere Handlungen und Entscheidungen an unserer inneren Wahrheit aus und führen zu einem Leben, das sich sinnvoll und äußerst befriedigend anfühlt.

Eine der wichtigsten Möglichkeiten, unsere Seelenverbindung zu vertiefen, ist Achtsamkeit und Meditation. Diese Praktiken tragen dazu bei, das unaufhörliche Geplapper des Geistes zu beruhigen und einen Raum zu schaffen, in dem die Seele sprechen kann. In der Stille der Meditation können wir uns auf das subtile Flüstern unserer Seele einstimmen und Einblicke in unsere wahren Wünsche und Ziele gewinnen.

Regelmäßige Meditationspraxis kann zu tiefgreifenden Bewusstseinsveränderungen führen, die es uns ermöglichen, ein Gefühl der Einheit mit uns selbst und dem Universum zu erfahren. Es öffnet die Tür zum inneren Frieden und führt uns zu Entscheidungen, die mit unseren tiefsten Werten in Einklang stehen.

Eine weitere wirkungsvolle Praxis zur Seelenverbindung ist der Aufenthalt in der Natur. Die Natur hat die unheimliche Fähigkeit, uns an unseren Platz im Gesamtbild des Lebens zu erinnern. Die Schönheit und Ruhe der natürlichen Umgebung kann eine erdende Wirkung haben und uns dabei helfen, uns wieder mit den Rhythmen der Erde und unseren eigenen inneren Rhythmen zu verbinden. Ein Spaziergang im Wald, ein Sitzen am Meer oder einfach nur das Beobachten der Sterne können ein Gefühl des Staunens und der Ehrfurcht hervorrufen und uns an die Großartigkeit des Lebens und unsere intrinsische Verbindung dazu erinnern. Diese Verbindung kann zutiefst heilend und belebend sein und eine dringend benötigte Ruhepause vom Chaos des modernen Lebens bieten.

Kreativer Ausdruck ist auch ein wichtiger Weg, um mit der Seele in Kontakt zu treten. Durch Aktivitäten wie Malen, Schreiben, Tanzen oder Musizieren können wir auf Teile von uns selbst zugreifen, die in unserem Alltag oft vernachlässigt werden. Kreativität bedient sich des Wunsches der Seele, ihr einzigartiges Wesen zum Ausdruck zu bringen. Wenn wir etwas erschaffen, geraten wir in einen Zustand des Fließens, in dem die Zeit stillzustehen scheint und wir ganz im Augenblick präsent sind. Dieses Eintauchen in den kreativen Prozess kann zutiefst erfüllend sein und einen direkten Kontakt zur Stimme der Seele und ihrem Bedürfnis nach Ausdruck herstellen.

Journaling ist eine weitere wirksame Methode, um eine tiefere Verbindung mit der Seele zu fördern. Das Aufschreiben unserer Gedanken, Gefühle und Träume ermöglicht es uns, unsere innere Landschaft auf intime und reflektierte Weise zu erkunden. Tagebuch führen kann verborgene Wünsche und ungelöste Emotionen aufdecken und einen Weg zum Verständnis und zur

Heilung bieten. Es kann auch als Werkzeug dienen, um die Wünsche unserer Seele zu manifestieren, indem wir unsere Absichten klären und bewusste Ziele setzen. Der Akt, den Stift auf Papier zu bringen, kann ein kraftvolles Ritual sein, das unsere inneren Erfahrungen erdet und greifbar macht.

Die Ausübung von Dienen und Freundlichkeit ist eine seelennährende Praxis, die uns mit dem größeren Netz der Menschheit verbindet. Wenn wir zum Wohlergehen anderer beitragen, entwickeln wir ein Gefühl der Zielstrebigkeit und Verbundenheit, das über unsere individuellen Anliegen hinausgeht. Freundliche Taten, ob klein oder groß, erzeugen Wellen der Positivität, die nicht nur andere aufmuntern, sondern auch unser eigenes Leben bereichern. Freiwilligenarbeit, einem Nachbarn zu helfen oder einem Fremden einfach ein Lächeln zu schenken, können tiefgreifende Taten sein, die uns mit der angeborenen Güte und dem Mitgefühl unserer Seele in Einklang bringen.

Spirituelle Praktiken und Rituale sind zeitlose Möglichkeiten, eine Verbindung mit der Seele zu pflegen. Dazu können Gebete, Gesänge oder die Teilnahme an religiösen oder spirituellen Zeremonien gehören. Solche Praktiken schaffen einen heiligen Raum, in dem die Seele geehrt und gehört werden kann. Sie vermitteln ein Gefühl der Kontinuität und Verbindung zu etwas Größerem als uns selbst und bieten Trost und Führung. Rituale markieren wichtige Momente in unserem Leben und helfen uns, die Reise unserer Seele anzuerkennen und zu feiern. Sie können in Zeiten der Unsicherheit als Anker dienen und ein Gefühl von Stabilität und Zugehörigkeit vermitteln.

Auch das Hören von Musik, die unsere Emotionen und unseren Geist anspricht, kann ein Tor zur Seele sein. Musik hat die Kraft, den rationalen Verstand zu umgehen und direkt das Herz anzusprechen. Es kann tiefe Emotionen, Erinnerungen und Sehnsüchte hervorrufen und uns mit dem Kern unseres Seins verbinden. Ob wir Musik machen oder einfach nur zuhören, es kann eine tiefgreifende Erfahrung sein, die uns der Essenz unserer

Seele näher bringt. Musik kann in Zeiten der Freude und Trauer ein Begleiter sein und Trost und Inspiration spenden.

Die Teilnahme an innerer Arbeit wie Therapie oder Beratung kann zu einem tieferen Verständnis unserer Seele führen. Diese Prozesse bieten einen sicheren Raum, um unsere innere Welt zu erkunden und Muster und Überzeugungen aufzudecken, die den Ausdruck unserer Seele behindern könnten. Durch geführte Erkundungen können wir vergangene Wunden heilen und einschränkende Erzählungen loslassen, sodass unser wahres Selbst zum Vorschein kommt. Innere Arbeit hilft uns, unsere Gedanken und Verhaltensweisen mit der Weisheit unserer Seele in Einklang zu bringen und so ein authentischeres und erfüllteres Leben zu fördern.

Die Kultivierung einer Dankbarkeitspraxis ist eine weitere wirksame Möglichkeit, sich mit der Seele zu verbinden. Dankbarkeit verschiebt unseren Fokus von dem, was in unserem Leben fehlt, hin zu dem, was reichlich und gegenwärtig ist. Es öffnet unser Herz für die Schönheit und den Segen, die uns umgeben, und fördert ein Gefühl der Zufriedenheit und Freude. Indem wir die positiven Aspekte unseres Lebens regelmäßig anerkennen und wertschätzen, richten wir uns nach der Perspektive der Seele, die von Natur aus auf die Güte und Verbundenheit aller Dinge abgestimmt ist.

Der Aufbau sinnvoller Beziehungen, die auf gegenseitigem Respekt und echter Verbindung basieren, stärkt auch unsere Seelenverbindung. Beziehungen, die unser wahres Selbst ehren und unser Wachstum unterstützen, sind für unser Wohlbefinden von entscheidender Bedeutung. Solche Beziehungen sind ein Spiegel, durch den wir uns selbst klarer sehen können und der uns Einblicke in unsere Stärken und Wachstumsbereiche bietet. Sie erinnern uns daran, dass wir auf unserer Reise nicht allein sind und dass unsere Seelen mit den Seelen anderer verbunden sind. Tiefe, authentische Verbindungen zu anderen können eine tiefe Quelle der Freude und Unterstützung sein.

Um sich mit der Seele zu verbinden, ist es wichtig, die Einsamkeit zu genießen. In einer Welt, in der Geschäftigkeit und ständige Interaktion oft verherrlicht werden, kann Einsamkeit ein seltenes und kostbares Geschenk sein. Wenn wir die Zeit alleine verbringen, können wir uns von äußeren Anforderungen und Ablenkungen zurückziehen und einen Raum schaffen, in dem wir auf unsere innere Stimme hören können. Die Einsamkeit bietet Gelegenheit zur Selbstreflexion, Kontemplation und Selbstbeobachtung und fördert ein tieferes Verständnis der Bedürfnisse und Wünsche unserer Seele. In diesen ruhigen Momenten können wir uns mit unserem Innersten verbinden und unsere Seele nähren.

Ein Leben im Einklang mit unseren Werten ist entscheidend für die Aufrechterhaltung einer starken Seelenverbindung. Unsere Werte sind die Prinzipien, die unser Handeln und unsere Entscheidungen leiten und die widerspiegeln, was für uns am wichtigsten ist. Wenn wir im Einklang mit unseren Werten leben, erfahren wir ein Gefühl der Integrität und Kohärenz, das mit der Wahrheit unserer Seele übereinstimmt. Diese Ausrichtung fördert ein Gefühl der Erfüllung und des Ziels, da unser äußeres Handeln unsere inneren Überzeugungen widerspiegelt. Wenn wir umgekehrt unsere Werte gefährden, schaffen wir eine Trennung zwischen unserer Seele und unserem täglichen Leben, was zu Gefühlen der Unzufriedenheit und Unruhe führt.

Schließlich ist die Förderung unseres körperlichen Wohlbefindens ein wesentlicher Bestandteil der Verbindung mit unserer Seele. Körper und Seele sind miteinander verbunden und die Sorge um unsere körperliche Gesundheit unterstützt unser allgemeines Wohlbefinden. Praktiken wie achtsames Essen, regelmäßige Bewegung, ausreichend Ruhe und ganzheitliche Gesundheitsfürsorge nähren den Körper und schaffen die Grundlage für eine lebendige Seelenverbindung. Wenn wir die Bedürfnisse unseres Körpers berücksichtigen, schaffen wir eine harmonische Umgebung, in der die Seele gedeihen kann.

Die Verbindung mit Ihrer Seele ist eine Reise der Selbstfindung und der Ausrichtung auf Ihre tiefsten Wahrheiten. Es geht darum, auf das Flüstern Ihres inneren Wesens zu hören und seine Führung zu ehren. Durch Praktiken wie Achtsamkeit, kreativen Ausdruck, Eintauchen in die Natur und die Pflege bedeutungsvoller Beziehungen können wir unsere Verbindung zu unserer Seele vertiefen. Diese Verbindung bringt ein Gefühl der Erfüllung, des Friedens und der Zielstrebigkeit mit sich, das über äußere Errungenschaften hinausgeht und zu einem Leben führt, das reich, sinnvoll und wirklich befriedigend ist.

Kapitel 12

Schmerz in Zweck verwandeln

Schmerz in all seinen Formen ist ein unvermeidlicher Teil der menschlichen Erfahrung. Es kann sich als emotionales Leiden, psychische Belastung oder körperliches Unbehagen äußern. Auch wenn es ganz natürlich ist, Schmerzen zu vermeiden oder zu minimieren, liegt doch eine tiefe Weisheit in der Vorstellung, dass Schmerzen ein starker Katalysator für Wachstum und Transformation sein können. Wenn wir den Schmerz annehmen, anstatt ihn zu meiden, können wir sein Potenzial nutzen, um uns zu tieferem Selbstbewusstsein, Widerstandsfähigkeit und letztendlich einem Sinn für das Ziel zu führen. Schmerz in Sinn zu verwandeln ist eine Reise, die beinhaltet, unser Leiden anzuerkennen, daraus zu lernen und es als Antrieb für unser persönliches und spirituelles Wachstum zu nutzen.

Im Kern sind emotionale und psychische Schmerzen oft auf Verlusterfahrungen, Enttäuschungen, Traumata und unerfüllte Erwartungen zurückzuführen. Diese Erfahrungen können unser Gefühl von Stabilität und Sicherheit zerstören und uns das Gefühl geben, verletzlich und hilflos zu sein. Allerdings liegt in dieser Verletzlichkeit die Chance für eine tiefgreifende Transformation. Wenn wir uns unserem Schmerz direkt stellen, öffnen wir uns für die Möglichkeit der Heilung und des Wachstums. Dieser Prozess beginnt mit der Akzeptanz – der Anerkennung unseres Schmerzes ohne Urteil oder Widerstand. Akzeptanz bedeutet nicht Resignation, sondern die Bereitschaft, unserem Leiden mit Mitgefühl und Neugier zu begegnen.

Einer der ersten Schritte, um Schmerz in Sinn zu verwandeln, besteht darin, die zugrunde liegenden Ursachen unseres Leidens zu verstehen. Dies erfordert Selbstbeobachtung und Selbstprüfung, die oft durch Praktiken wie Tagebuchführung, Therapie oder Meditation erleichtert werden. Indem wir die Wurzeln unseres Schmerzes erforschen, können wir tief verwurzelte Überzeugungen, Muster und Wunden aufdecken, die geheilt werden müssen. Beispielsweise könnte eine schmerzhafte Trennung ungelöste Probleme des Selbstwertgefühls oder Ängste vor Verlassenheit offenbaren. Indem wir diese Probleme ans Licht bringen, können wir den Heilungsprozess beginnen und unseren Schmerz als Lehrer neu definieren, der uns zu einem größeren Selbstbewusstsein führt.

Schmerzen können auch ein starker Motivator für Veränderungen sein. Wenn wir mit erheblichen emotionalen oder psychischen Belastungen konfrontiert sind, sind wir oft gezwungen, unser Leben neu zu bewerten und notwendige Anpassungen vorzunehmen. Diese Neubewertung kann zu tiefgreifendem persönlichem Wachstum führen, wenn wir Aspekte unseres Lebens identifizieren, die uns nicht mehr dienen, und nach neuen Wegen suchen, die besser zu unserem wahren Selbst passen. Beispielsweise könnte eine Person, die im Laufe ihrer Karriere ein Burnout erlebt, diesen Schmerz als Anstoß nutzen, um eine erfüllendere und bedeutungsvollere Berufung zu verfolgen. Auf diese Weise kann Schmerz ein Katalysator sein, der uns aus der Selbstgefälligkeit in die Tat treibt und zu einem

Leben führt, das besser mit unseren Werten und Bestrebungen übereinstimmt.

Widrigkeiten sind zwar eine Herausforderung, bieten aber auch eine einzigartige Gelegenheit, unsere innere Stärke und Belastbarkeit zu entdecken. Oft entdecken wir im Feuer der Not die Tiefen unseres Mutes, unserer Entschlossenheit und unseres Einfallsreichtums. Die Bewältigung und Bewältigung von Widrigkeiten stärkt die Widerstandsfähigkeit und stattet uns mit den Fähigkeiten und der Denkweise aus, die wir für die Bewältigung künftiger Herausforderungen benötigen. Bei dieser Widerstandsfähigkeit geht es nicht nur darum, sich aus Schwierigkeiten zu erholen, sondern vielmehr darum, aus ihnen herauszuwachsen und gestärkt daraus hervorzugehen. Jedes Mal, wenn wir uns unserem Schmerz stellen und ihn überwinden, stärken wir unseren Glauben an unsere Fähigkeit, mit allem umzugehen, was das Leben uns in den Weg stellt, und fördern so ein Gefühl der Selbstbestimmung und des Selbstvertrauens.

Um trotz Widrigkeiten Sinn und Zweck zu finden, muss man erkennen, dass unser Leiden eine Quelle der Inspiration und des Beitrags für andere sein kann. Viele Menschen, die erhebliche Schmerzen und Nöte erlitten haben, haben bedeutsame Veränderungen in der Welt herbeigeführt, indem sie ihre Erfahrungen genutzt haben, um anderen zu helfen. Beispielsweise kann jemand, der eine schwere Krankheit überlebt hat, ein Anwalt für Patientenrechte oder eine Quelle der Unterstützung für andere werden, die vor ähnlichen Herausforderungen stehen. Indem sie ihren Schmerz in eine Quelle des Sinns verwandeln, finden sie ein Gefühl der Erfüllung und wirken sich positiv auf das Leben anderer aus.

Geschichtenerzählen ist eine wirkungsvolle Möglichkeit, Schmerz in einen Sinn zu verwandeln. Das Teilen unserer Geschichten über Kampf und Triumph kann sowohl für den Geschichtenerzähler als auch für den Zuhörer heilsam sein. Wenn wir unsere Erfahrungen artikulieren, geben wir unserem Schmerz eine Stimme, lösen seinen Einfluss auf uns und finden einen Sinn auf unserer Reise. Unsere Geschichten können andere inspirieren, trösten und anleiten, die möglicherweise ähnliche Herausforderungen meistern. Sie erinnern uns daran, dass wir mit unserem Leiden nicht allein sind und dass unser Schmerz das Potenzial hat, Verbundenheit und Empathie zu fördern. Durch das Geschichtenerzählen werden unsere persönlichen Erfahrungen in kollektive Weisheit umgewandelt und ein Sinngefühl geschaffen, das über unser individuelles Leben hinausgeht.

Ein weiterer wichtiger Aspekt bei der Umwandlung von Schmerz in einen Sinn ist die Entwicklung eines Gefühls der Dankbarkeit und Wertschätzung für die Lehren, die man aus Widrigkeiten gezogen hat. Auch wenn es kontraintuitiv erscheinen mag, für unser Leiden dankbar zu sein, kann die Annahme einer Haltung der Dankbarkeit unsere Perspektive verändern und uns helfen, das Wachstum und die Transformation zu erkennen, die der Schmerz ermöglicht hat. Dankbarkeit bedeutet nicht, die Realität unseres Schmerzes zu leugnen, sondern vielmehr die Art und Weise anzuerkennen, wie er uns geprägt und zu unserer

Entwicklung beigetragen hat. Indem wir uns auf die positiven Aspekte unserer Reise konzentrieren, können wir eine Zielstrebigkeit entwickeln, die auf Belastbarkeit und Stärke basiert.

Praktiken wie Achtsamkeit und Meditation können ebenfalls eine entscheidende Rolle dabei spielen, Schmerz in einen Sinn zu verwandeln. Diese Praktiken helfen uns, ein tieferes Bewusstsein für unsere Gedanken, Emotionen und Körperempfindungen zu entwickeln und ermöglichen es uns, unseren Schmerz zu beobachten, ohne von ihm überwältigt zu werden. Achtsamkeit lehrt uns, mit unserem Leiden präsent zu bleiben, es ohne Urteil anzunehmen und mit Mitgefühl darauf zu reagieren. Dieser Perspektivwechsel kann ein Gefühl von Weite rund um unseren Schmerz erzeugen, seine Intensität verringern und es uns ermöglichen, ihn als Teil des größeren Wandteppichs unseres Lebens zu sehen. Meditation kann auch Einsichten und Klarheit schaffen und uns zu einem tieferen Verständnis der Bedeutung und des Zwecks unseres Leidens führen.

Der Aufbau einer unterstützenden Gemeinschaft ist ein weiteres wesentliches Element bei der Umwandlung von Schmerz in einen Sinn. Uns mit Menschen zu umgeben, die unsere Erfahrungen verstehen und bestätigen, kann Trost, Ermutigung und ein Zugehörigkeitsgefühl vermitteln. Wenn wir unsere Reise mit anderen teilen, die vor ähnlichen Herausforderungen standen, kann das ein Gefühl der Solidarität und gegenseitigen Unterstützung fördern. Diese Verbindungen erinnern uns daran, dass wir in unseren Kämpfen nicht allein sind und dass unser Schmerz eine Quelle der Kraft und Inspiration für andere sein kann. Indem wir zu einer Gemeinschaft beitragen und von ihr Unterstützung erhalten, schaffen wir ein Netzwerk der Widerstandsfähigkeit, das unsere kollektive Fähigkeit stärkt, Schmerz in einen Sinn zu verwandeln.

Auch Spiritualität und Glaube können in Zeiten des Schmerzes wichtige Quellen der Stärke und des Ziels sein. Viele Menschen finden Trost und Sinn in ihren spirituellen Überzeugungen, die eine breitere Perspektive auf das Leiden und ein Gefühl der Verbundenheit mit etwas Größerem als ihnen selbst bieten. Spirituelle Praktiken wie Gebete, Meditation und Rituale können Trost und Führung spenden und uns helfen, unseren Schmerz mit Anmut und Weisheit zu bewältigen. Der Glaube kann ein Gefühl der Hoffnung und des Vertrauens wecken, dass es trotz unseres Leidens einen größeren Sinn in unserem Leben gibt. Dieses Gefühl der spirituellen Verbundenheit kann in schwierigen Zeiten ein starker Anker sein und einen Weg zur Heilung und Transformation bieten.

Letztlich setzt die Umwandlung von Schmerz in einen Sinn die Bereitschaft voraus, unser Leiden als integralen Bestandteil unserer menschlichen Erfahrung anzunehmen. Es erfordert, dass wir unserem Schmerz mutig begegnen, nach Verständnis und Heilung streben und unsere Erfahrungen als Grundlage für Wachstum und Beitrag nutzen. Diese Reise ist nicht linear oder einfach, aber sie ist zutiefst lohnend. Indem wir unseren Schmerz als Katalysator für Transformation betrachten, können wir selbst in unseren dunkelsten Momenten Sinn und Zweck finden. Diese Perspektive ermöglicht es uns, unser Leiden zu überwinden, mit größerer Authentizität und Mitgefühl zu leben und ein Leben voller Sinn und Erfüllung zu schaffen.

Schmerz ist zwar eine Herausforderung, hat aber das Potenzial, ein starker Katalysator für Wachstum und Transformation zu sein. Indem wir unser Leiden mit Akzeptanz, Neugier und Mitgefühl annehmen, können wir die tieferen Lektionen und Heilungsmöglichkeiten entdecken, die es bietet. Durch Selbstbeobachtung, Belastbarkeit, Geschichtenerzählen, Dankbarkeit, Achtsamkeit, Gemeinschaft und Spiritualität können wir unseren Schmerz in eine Quelle des Sinns verwandeln, die unser Leben und das Leben anderer bereichert. Diese Reise der Transformation ist ein Beweis für den unbezwingbaren menschlichen Geist und seine Fähigkeit, auch angesichts von Widrigkeiten Sinn und Zweck zu finden. Indem wir die Kraft unseres Schmerzes nutzen, können wir ein Leben schaffen, das zutiefst erfüllend, belastbar und auf unser höchstes Potenzial ausgerichtet ist.

Kapitel 13

Leben im gegenwärtigen Moment

In einer Zeit, die von unerbittlichem Vorwärtsdrang und ständigen Ablenkungen geprägt ist, kann die Vorstellung, im gegenwärtigen Moment zu leben, schwer fassbar, fast paradox erscheinen. Wir sind oft mit Plänen beschäftigt, machen uns Sorgen um die Zukunft oder grübeln über die Vergangenheit, und diese ständige geistige Drift beraubt uns des tiefen Reichtums, der im Hier und Jetzt verfügbar ist. Im gegenwärtigen Moment zu leben ist nicht nur ein hohes philosophisches Ideal, sondern eine praktische Herangehensweise an das Leben, die immense emotionale, psychologische und sogar physische Vorteile bietet. Den gegenwärtigen Moment durch Achtsamkeit und Achtsamkeit zu erfassen, kann unsere Lebenserfahrung verändern und ihr mehr Erfüllung, Frieden und Sinn verleihen.

Techniken für Achtsamkeit und Bewusstsein für den gegenwärtigen Moment

Achtsamkeit ist die Praxis, die volle Aufmerksamkeit mit einem nicht wertenden Bewusstsein auf den gegenwärtigen Moment zu richten. Es handelt sich um eine Technik, die durch verschiedene Praktiken kultiviert werden kann, von denen jede darauf ausgelegt ist, uns im Jetzt zu verankern und unser Bewusstsein für unsere Gedanken, Emotionen und körperlichen Empfindungen zu schärfen. Diese Praktiken können in unser tägliches Leben integriert werden und machen die Kunst der Achtsamkeit zugänglich und transformativ.

Achtsames Atmen

Achtsames Atmen ist eine der einfachsten und zugleich wirkungsvollsten Techniken zur Kultivierung des Bewusstseins für den gegenwärtigen Moment. Es geht darum, auf den Atem zu achten, während er in den Körper hinein- und aus ihm herausströmt. Indem wir uns auf den natürlichen Rhythmus unserer Atmung konzentrieren, verankern wir uns im gegenwärtigen Moment und bringen das unaufhörliche Geplapper unseres Geistes zur Ruhe. Diese Übung kann überall und jederzeit durchgeführt werden und ist somit ein vielseitiges Werkzeug, um uns selbst zu erden. Schon wenige Minuten achtsames Atmen können Stress reduzieren, die Konzentration verbessern und die emotionale Regulierung verbessern.

Bodyscan-Meditation

Die Body-Scan-Meditation ist eine Praxis, bei der die Aufmerksamkeit auf verschiedene Körperteile gelenkt und alle Empfindungen ohne Wertung beobachtet werden. Diese Technik trägt dazu bei, eine tiefere Verbindung zum Körper aufzubauen und kann Bereiche mit Spannung oder Unbehagen aufdecken, die andernfalls möglicherweise unbemerkt bleiben würden. Indem wir uns systematisch auf jeden Teil des Körpers konzentrieren, von den Zehen bis zum Kopf, lernen wir, unser körperliches Selbst besser zu leben. Diese Praxis fördert nicht nur die Entspannung, sondern fördert auch ein größeres Bewusstsein dafür, wie unser körperlicher

Zustand unser geistiges und emotionales Wohlbefinden beeinflusst.

Achtsames Essen

Beim achtsamen Essen geht es darum, die volle Aufmerksamkeit auf die Erfahrung des Essens und Trinkens zu richten. Dabei geht es darum, jeden Bissen zu genießen, den Geschmack, die Textur und das Aroma des Essens wahrzunehmen und auf die Hunger- und Sättigungssignale des Körpers zu achten. Diese Praxis verwandelt das Essen in ein sinnliches Erlebnis und fördert gesündere Essgewohnheiten und eine angenehmere Beziehung zum Essen. Durch achtsames Essen werden wir uns auch bewusster, wie sich Essen auf unsere Stimmung und unser Energieniveau auswirkt, was zu bewussteren Ernährungsentscheidungen führt.

Gehmeditation

Gehmeditation ist eine Form der Achtsamkeit, bei der man auf die Empfindungen und Bewegungen beim Gehen achtet. Diese Übung kann drinnen oder draußen durchgeführt werden und kombiniert die Vorteile körperlicher Aktivität mit Achtsamkeit. Bei der Gehmeditation konzentrieren wir uns auf den Rhythmus unserer Schritte, das Gefühl des Bodens unter unseren Füßen und die Anblicke und Geräusche um uns herum. Diese Praxis hilft uns, ein Gefühl der Präsenz und Leichtigkeit zu entwickeln und eine alltägliche Aktivität in ein meditatives Erlebnis zu verwandeln.

Achtsame Beobachtung

Bei der achtsamen Beobachtung geht es darum, einen Gegenstand auszuwählen, beispielsweise eine Blume, einen Baum oder sogar ein Kunstwerk, und ihn mit voller Aufmerksamkeit zu betrachten. Diese Praxis ermutigt uns, die Details, Farben, Formen und Texturen des Objekts wahrzunehmen, und fördert so ein tieferes Verständnis für die Schönheit und Komplexität der Welt um uns herum. Achtsames Beobachten kann eine wirkungsvolle Möglichkeit sein, ein Gefühl des Staunens und der Neugier zu kultivieren und unsere Fähigkeit zu stärken, in einfachen Momenten Freude zu finden.

Meditation der liebenden Güte

Die Meditation der liebenden Güte, auch bekannt als Metta-Meditation, ist eine Praxis, bei der es darum geht, Gefühle des Mitgefühls und der Liebe gegenüber sich selbst und anderen zu erzeugen. Diese Praxis beginnt damit, liebevolle Güte auf sich selbst auszurichten und sie dann schrittweise auf geliebte Menschen, Bekannte und sogar diejenigen auszudehnen, zu denen wir schwierige Beziehungen haben. Durch die Kultivierung eines Gefühls der universellen Liebe und Verbundenheit hilft uns die Meditation der liebenden Güte dabei, eine mitfühlendere und präsentere Herangehensweise an das Leben zu entwickeln.

Achtsames Journaling

Achtsames Journaling ist die Praxis, über unsere Gedanken, Gefühle und Erfahrungen mit dem Fokus auf den gegenwärtigen Moment zu schreiben. Diese Technik ermöglicht es uns, unsere innere Welt neugierig und urteilsfrei zu erkunden und bietet einen Raum für Reflexion und Selbstfindung. Indem wir unsere Erfahrungen in Worte fassen, gewinnen wir Klarheit und Einsicht, die uns helfen können, Herausforderungen bewusster und widerstandsfähiger zu meistern. Achtsames Journaling kann auch als Aufzeichnung unserer Achtsamkeitsreise dienen und es uns ermöglichen, unser Wachstum und unsere Fortschritte im Laufe der Zeit zu verfolgen.

Die Kraft des Jetzt bei der Schaffung eines erfüllten Lebens

Beim Leben im gegenwärtigen Moment geht es nicht nur darum, Achtsamkeitspraktiken anzuwenden; Es geht darum, unser Verhältnis zu Zeit und Erfahrung grundlegend zu verändern. Die Kraft des Jetzt liegt in seiner Fähigkeit, die Art und Weise zu verändern, wie wir unser Leben wahrnehmen und uns darauf einlassen, was zu einem erfüllteren und sinnvolleren Leben führt.

Präsenz über Beschäftigung

Wenn wir uns mit vergangenem Bedauern oder zukünftigen Ängsten beschäftigen, verpassen wir den Reichtum des gegenwärtigen Augenblicks. Vergangenheit und Zukunft sind Konstrukte des Geistes, während die Gegenwart die einzige Realität ist, in der wir wirklich leben. Indem wir uns auf das Jetzt konzentrieren, befreien wir uns von der Last dessen, was war und was sein könnte, und ermöglichen es uns, die Gegenwart vollständig zu erleben und zu schätzen. Dieser Wechsel von der Beschäftigung zur Präsenz steigert unsere Fähigkeit, die einfachen Freuden des Lebens zu genießen und mit größerer Klarheit und Ruhe auf seine Herausforderungen zu reagieren.

Beziehungen vertiefen

Achtsamkeit im gegenwärtigen Moment kann unsere Beziehungen tiefgreifend verbessern. Wenn wir mit anderen völlig präsent sind, hören wir aufmerksamer zu, kommunizieren authentischer und verbinden uns tiefer. Diese Präsenz fördert ein Gefühl der Intimität und des Vertrauens und stärkt unsere Bindungen zu unseren Lieben. Darüber hinaus ermöglicht uns die Präsenz in unseren Interaktionen, mit Empathie und Verständnis auf andere zu reagieren, anstatt aus Gewohnheit oder Ablenkung zu reagieren. Diese vertiefte Verbindung bereichert unsere Beziehungen und schafft ein unterstützenderes und erfüllenderes soziales Umfeld.

Steigerung von Kreativität und Leistung

Die Kraft der Gegenwart erstreckt sich auch auf unsere kreativen und beruflichen Bemühungen. Wenn wir uns voll und ganz auf den gegenwärtigen Moment konzentrieren, gelangen wir in einen Zustand des Flusses – einen mentalen Zustand, in dem wir völlig in die anstehende Aufgabe versunken sind. Dieser Zustand des Flusses zeichnet sich durch gesteigerte Kreativität, Produktivität und Freude aus. Indem wir uns auf den Prozess und nicht auf das Ergebnis konzentrieren, entfalten wir unser kreatives Potenzial und können unser Bestes geben. Ganz gleich, ob wir schreiben, malen, Probleme lösen oder uns einer anderen kreativen Aktivität widmen, das Bewusstsein für den gegenwärtigen Moment stärkt unsere Fähigkeit, Innovationen hervorzubringen und herausragende Leistungen zu erbringen.

Reduzierung von Stress und Angst

Das Leben im gegenwärtigen Moment ist ein wirksames Gegenmittel gegen Stress und Angst. Ein Großteil unseres Stresses entsteht dadurch, dass wir uns Sorgen um die Zukunft machen oder über die Vergangenheit nachdenken. Achtsamkeit verlagert unseren Fokus auf die Gegenwart, wo wir Herausforderungen mit klarem und ruhigem Geist angehen können. Indem wir ein Gefühl der Präsenz kultivieren, lernen wir, mit Gleichmut auf Stressfaktoren zu reagieren und so deren Auswirkungen auf unser Wohlbefinden zu verringern. Dieser gegenwartszentrierte Ansatz lindert nicht nur Ängste, sondern fördert auch ein Gefühl von innerem Frieden und Ausgeglichenheit.

Dankbarkeit und Freude kultivieren

Achtsamkeit und das Bewusstsein für den gegenwärtigen Moment fördern ein tiefes Gefühl der Dankbarkeit und Freude. Wenn wir völlig präsent sind, können wir uns stärker auf die Schönheit und das Wunder des Lebens einstellen. Wir bemerken die kleinen, oft übersehenen Details, die uns Freude bereiten – das Lachen eines Kindes, die Wärme der Sonne, den Geschmack unseres

Lieblingsessens. Dieses gesteigerte Bewusstsein fördert ein Gefühl der Wertschätzung für den gegenwärtigen Moment und alles, was er bietet. Dankbarkeit wird zu einer natürlichen Reaktion auf den Reichtum unserer Erfahrung und steigert unser allgemeines Gefühl von Glück und Erfüllung.

Vergänglichkeit annehmen

Im gegenwärtigen Moment zu leben bedeutet auch, die Vergänglichkeit des Lebens anzunehmen. Alles ist einem ständigen Wandel unterworfen und indem wir dies anerkennen, lernen wir, Anhaftungen und Erwartungen loszulassen. Diese Akzeptanz der Vergänglichkeit ermöglicht es uns, die Flüchtigkeit jedes Augenblicks zu schätzen und Schönheit im Vergänglichen zu finden. Indem wir die Gegenwart mit offenem Herzen annehmen, entwickeln wir ein Gefühl der Widerstandsfähigkeit und Anpassungsfähigkeit, das es uns ermöglicht, die unvermeidlichen Veränderungen des Lebens mit Anmut und Leichtigkeit zu meistern.

Ausrichtung auf den Zweck

Die Kraft des Jetzt liegt in seiner Fähigkeit, uns auf unser tieferes Ziel auszurichten. Wenn wir völlig präsent sind, sind wir mehr im Einklang mit unserem wahren Selbst und unseren inneren Wünschen. Diese Ausrichtung hilft uns, Entscheidungen zu treffen, die unsere authentischen Werte und Bestrebungen widerspiegeln und zu einem zielgerichteteren und erfüllteren Leben führen. Indem wir im gegenwärtigen Moment leben, lassen wir uns von unserer Intuition und inneren Weisheit leiten und können Wege verfolgen, die mit der Berufung unserer Seele in Einklang stehen.

Achtsames Leben als Lebensform

Letztendlich geht es beim Leben im gegenwärtigen Moment darum, Achtsamkeit als Lebensweise anzunehmen. Es geht darum, jeden Moment mit offenem Geist und offenem Herzen anzugehen und das gesamte Spektrum menschlicher Erfahrungen mit Neugier und Mitgefühl anzunehmen. Dieser achtsame Ansatz verwandelt das Alltägliche in das Außergewöhnliche und verleiht unserem täglichen Leben Bedeutung und Präsenz. Es ist eine Reise des kontinuierlichen

Wachstums und der Entdeckung, bei der jeder Moment zu einer Gelegenheit wird, unsere Verbindung zu uns selbst und der Welt um uns herum zu vertiefen.

Im gegenwärtigen Moment zu leben ist eine wirkungsvolle Praxis, die unser Leben tiefgreifend verändern kann. Durch Techniken wie achtsames Atmen, Bodyscan-Meditation, achtsames Essen und Liebende-Güte-Meditation können wir ein tiefes Gefühl der Präsenz und des Bewusstseins entwickeln. Die Kraft des Jetzt liegt in seiner Fähigkeit, unsere Beziehungen, unsere Kreativität und unser allgemeines Wohlbefinden zu verbessern und gleichzeitig Stress abzubauen und Dankbarkeit zu fördern. Indem wir den gegenwärtigen Moment annehmen, richten wir uns nach unserem wahren Ziel und schaffen ein Leben, das reich, erfüllend und zutiefst bedeutungsvoll ist. Diese Reise der Achtsamkeit ist ein Beweis für die transformative Kraft, ganz im Jetzt zu leben, wo jeder Moment ein kostbares Geschenk ist, das es zu schätzen und zu feiern gilt.

Kapitel 14

Ein Leben voller Freude und Erfüllung schaffen

Auf der Suche nach einer sinnvollen Existenz ist Freude eine wichtige, aber oft schwer fassbare Komponente. Wir streben nach Glück in äußeren Errungenschaften, Beziehungen und Besitztümern, doch wahre, dauerhafte Freude kommt von innen und durchdringt unser tägliches Leben durch bewusste Praktiken und achtsames Leben. Um ein Leben voller Freude und Erfüllung zu schaffen, sind sowohl praktische Schritte als auch tiefgreifende innere Arbeit erforderlich. Es erfordert, dass wir unser Handeln an unseren tiefsten Werten ausrichten, Dankbarkeit und Präsenz kultivieren und ein Leben aufbauen, das mit unserem authentischen Selbst in Einklang steht. Dieses Kapitel befasst sich mit der Kunst, Freude im Alltag zu kultivieren, und bietet Anleitungen zum Aufbau einer erfüllten und sinnvollen Existenz.

Praktische Schritte zur Kultivierung von Freude im Alltag

Dankbarkeit annehmen

Dankbarkeit ist ein starkes Gegenmittel gegen Negativität und ein Grundstein für ein freudiges Leben. Indem wir uns auf das konzentrieren, wofür wir dankbar sind, verschieben wir unsere Perspektive von dem, was uns fehlt, hin zu dem, was wir haben, und fördern so ein Gefühl von Fülle und Zufriedenheit. Dankbarkeit zu kultivieren kann so einfach sein wie das Führen eines täglichen Dankbarkeitstagebuchs, in dem wir jeden Tag drei Dinge aufschreiben, für die wir dankbar sind. Diese Praxis schult unseren Geist, die positiven Aspekte unseres Lebens wahrzunehmen, egal wie klein sie sind, und den gegenwärtigen Moment zu schätzen. Mit der Zeit wird Dankbarkeit zu einer gewohnheitsmäßigen Linse, durch die wir die Welt betrachten, und verstärkt unser allgemeines Gefühl der Freude.

Achtsamkeit üben

Achtsamkeit oder die Praxis, ganz im Augenblick präsent zu sein, ist ein weiterer Schlüssel zur Kultivierung von Freude. Wenn wir uns achtsam mit unserem Leben auseinandersetzen, erleben wir jeden Moment lebendiger und tiefer. Achtsamkeit kann durch Meditation, achtsames Atmen oder einfach durch die Aufmerksamkeit auf unsere täglichen Aktivitäten geübt werden. Ganz gleich, ob wir essen, spazieren gehen oder uns unterhalten: Die volle Aufmerksamkeit für den gegenwärtigen Moment bereichert unsere Erfahrungen und steigert unser Gefühl der Freude. Achtsamkeit hilft uns auch, mit Stress und negativen Emotionen umzugehen, sodass wir auf Herausforderungen mit größerem Gleichmut und Anmut reagieren können.

Sich auf freundliche Taten einlassen

Freundliche Taten, ob groß oder klein, haben einen tiefgreifenden Einfluss auf unser Wohlbefinden und unser Glück. Wenn wir anderen Freundlichkeit entgegenbringen, erzeugen wir einen Welleneffekt, der nicht nur dem Empfänger zugute kommt, sondern auch unser eigenes Gefühl von Freude und Erfüllung steigert.

Freundlichkeit kann viele Formen annehmen, von ehrenamtlicher Arbeit in unserer Gemeinde bis hin zum Zuhören für einen Freund in Not. Selbst einfache Gesten, wie zum Beispiel einen Fremden anzulächeln oder Wertschätzung auszudrücken, können unsere Stimmung heben und ein Gefühl der Verbundenheit und des Ziels schaffen. Indem wir Freundlichkeit zu einem festen Bestandteil unseres Lebens machen, tragen wir zu einer mitfühlenderen Welt bei und erleben die Freude am Geben.

Leidenschaften und Hobbys nachgehen

Die Ausübung von Aktivitäten, die uns leidenschaftlich am Herzen liegen, ist für ein freudiges Leben unerlässlich. Hobbys und Interessen bieten Raum für Kreativität, Entspannung und Selbstdarstellung. Sie ermöglichen es uns, in etwas einzutauchen, das wir lieben, und fördern ein Gefühl von Fluss und Erfüllung. Ob Malen, Gartenarbeit, Musizieren oder Wandern – unseren Leidenschaften nachzugehen nährt unsere Seele und bringt Freude in unseren Alltag. Es ist wichtig, sich regelmäßig Zeit für diese Aktivitäten zu nehmen und sie als wesentliche Bestandteile unseres Wohlbefindens zu priorisieren.

Beziehungen pflegen

Sinnvolle Verbindungen zu anderen sind eine grundlegende Quelle der Freude und Erfüllung. Der Aufbau und die Pflege von Beziehungen zu Familie, Freunden und Gemeindemitgliedern bereichert unser Leben und bietet emotionale Unterstützung. Um tiefere Verbindungen zu pflegen, ist es wichtig, offen zu kommunizieren, aktiv zuzuhören und echtes Interesse an anderen zu zeigen. Eine schöne Zeit mit geliebten Menschen zu verbringen, sei es durch gemeinsame Aktivitäten oder einfach nur durch gemeinsame Anwesenheit, stärkt unsere Bindungen und schafft bleibende Erinnerungen. Indem wir in unsere Beziehungen investieren, schaffen wir ein Netzwerk der Unterstützung und Liebe, das unser allgemeines Glück steigert.

Selbstmitgefühl üben

Selbstmitgefühl bedeutet, dass wir uns selbst mit der gleichen Freundlichkeit und dem gleichen Verständnis behandeln, das wir einem engen Freund entgegenbringen würden. Es bedeutet, unsere Unvollkommenheiten und Fehler ohne hartes Urteil zu erkennen und uns selbst Vergebung und Fürsorge anzubieten. Das Praktizieren von Selbstmitgefühl hilft uns, Widerstandskraft aufzubauen und ein positives Selbstbild zu bewahren, selbst angesichts von Herausforderungen. Zu den Techniken zur Kultivierung von Selbstmitgefühl gehören positive Selbstgespräche, Achtsamkeit und Selbstpflegepraktiken wie ausreichend Ruhe, gesunde Ernährung und regelmäßige Bewegung. Indem wir sanft mit uns selbst umgehen, schaffen wir eine innere Umgebung, die Freude und Wohlbefinden fördert.

Sinnvolle Ziele setzen und verfolgen

Das Setzen und Erreichen von Zielen, die mit unseren Werten und Leidenschaften übereinstimmen, ist ein wirkungsvoller Weg, um Freude und Erfüllung zu fördern. Sinnvolle Ziele geben uns Orientierung und Sinn und motivieren uns, zu wachsen und uns weiterzuentwickeln. Um effektive Ziele zu setzen, ist es wichtig zu erkennen, was uns wirklich wichtig ist, und unsere Ziele in überschaubare Schritte zu unterteilen. Das Feiern unserer Fortschritte auf dem Weg stärkt unser Engagement und steigert unser Erfolgserlebnis. Indem wir Ziele verfolgen, die mit unserem authentischen Sclbst in Einklang stehen, schaffen wir ein Leben voller Sinn und Zufriedenheit.

Positivität und Optimismus annehmen

Eine positive und optimistische Lebenseinstellung ist eng mit Freude und Erfüllung verbunden. Auch wenn es ganz natürlich ist, negative Emotionen zu empfinden, hilft uns die Entwicklung einer positiven Denkweise, die Höhen und Tiefen des Lebens widerstandsfähiger und hoffnungsvoller zu meistern. Zu den Techniken zur Förderung von Positivität gehören die Neuformulierung negativer Gedanken, die Konzentration auf Lösungen statt auf Probleme und die Umgebung mit positiven Einflüssen. Das Üben von Dankbarkeit, Achtsamkeit und freundlichen Taten trägt ebenfalls zu einer optimistischeren Perspektive bei. Indem wir uns dafür entscheiden, das Gute in uns selbst, anderen und unseren Umständen zu sehen, steigern wir unser allgemeines Gefühl der Freude.

Akzeptanz üben

Akzeptanz bedeutet, das Leben so anzunehmen, wie es ist, anstatt ständig nach etwas anderem oder Besserem zu streben. Es bedeutet, unsere aktuelle Realität, einschließlich unserer Grenzen und Unvollkommenheiten, anzuerkennen und im gegenwärtigen Moment Zufriedenheit zu finden. Akzeptanz zu üben bedeutet nicht, sich mit unerwünschten Situationen abzufinden, sondern vielmehr, dem Leben mit einem Gefühl der Offenheit und Widerstandslosigkeit zu begegnen. Techniken zur Förderung der Akzeptanz umfassen Achtsamkeit, Dankbarkeit und Selbstmitgefühl. Indem wir uns selbst und unser Leben so akzeptieren, wie es ist, schaffen wir eine Grundlage für Frieden und Freude.

Aufbau einer erfüllenden und sinnvollen Existenz

Während es wichtig ist, Freude im Alltag zu kultivieren, erfordert der Aufbau einer erfüllten und sinnvollen Existenz eine tiefere Auseinandersetzung mit unseren Werten, Zielen und Bestrebungen. Es geht darum, unser Handeln an unserem wahren Selbst auszurichten und ein Leben zu schaffen, das unser höchstes Potenzial widerspiegelt. Diese Reise der Selbstfindung und des bewussten Lebens führt zu einem tiefen Gefühl der Erfüllung und Bedeutung.

Unsere Werte entdecken

Unsere Werte sind die Prinzipien und Eigenschaften, die uns am wichtigsten sind und die unsere Entscheidungen und Handlungen leiten. Die Entdeckung unserer Werte erfordert Selbstbeobachtung und Reflexion darüber, was uns wirklich am Herzen liegt und was unserem Leben einen Sinn gibt. Um unsere Werte zu identifizieren, können wir uns Fragen stellen wie: Welche Eigenschaften bewundere ich an anderen? Bei welchen Aktivitäten fühle ich mich am lebendigsten? Was möchte ich zur Welt beitragen? Durch die Klärung unserer Werte schaffen wir einen Kompass, der unsere Entscheidungen und Handlungen lenkt und zu einem ausgeglicheneren und erfüllteren Leben führt.

Eine Vision für unser Leben schaffen

Um eine Vision für unser Leben zu schaffen, müssen wir uns die Zukunft vorstellen, die wir gestalten wollen, und uns Ziele setzen, die unsere Bestrebungen widerspiegeln. Diese Vision dient als Leitfaden für unsere Handlungen und Entscheidungen und hilft uns, uns auf das Wesentliche zu konzentrieren. Um eine überzeugende Vision zu entwickeln, ist es wichtig, große Träume zu haben und über alle Bereiche unseres Lebens nachzudenken, einschließlich Karriere, Beziehungen, persönliches Wachstum und Beitrag. Die Visualisierung unserer idealen Zukunft und das detaillierte Aufschreiben tragen dazu bei, sie greifbarer und umsetzbarer zu machen. Indem wir unser tägliches Handeln an unserer Vision ausrichten, kommen wir der Schaffung des Lebens, das wir uns wünschen, näher.

Handlungen an Werten und Visionen ausrichten

Sobald wir unsere Werte entdeckt und eine Vision für unser Leben entwickelt haben, besteht der nächste Schritt darin, unser Handeln an diesen Leitprinzipien auszurichten. Dazu gehört es, bewusste Entscheidungen zu treffen, die unsere Werte widerspiegeln und uns unserer Vision näher bringen. Es erfordert, dass wir unsere Zeit und Energie auf Aktivitäten konzentrieren, die sinnvoll und erfüllend sind, und diejenigen loslassen, die es nicht sind. Diese Ausrichtung schafft ein Gefühl der Kohärenz und des Sinns in unserem Leben, da unsere Handlungen im Einklang mit unseren tiefsten Wünschen und Bestrebungen stehen.

Wachstum und Lernen annehmen

Zu einer erfüllenden und sinnvollen Existenz gehört kontinuierliches Wachstum und Lernen. Eine wachstumsorientierte Denkweise, die Herausforderungen als Chance für Lernen und Entwicklung sieht, steigert unsere Fähigkeit, uns weiterzuentwickeln und zu gedeihen. Diese Denkweise ermutigt uns, unsere Komfortzone zu verlassen, Risiken einzugehen und neue Erfahrungen zu machen. Durch die Suche nach Wissen,

Fähigkeiten und persönlichen Erkenntnissen erweitern wir unseren Horizont und entfalten unser Potenzial. Lebenslanges Lernen hält uns engagiert und neugierig und trägt zu einem reichen und erfüllten Leben bei.

Zu etwas Größerem beitragen

Zu etwas beizutragen, das größer ist als wir selbst, ist eine kraftvolle Quelle von Sinn und Erfüllung. Ob durch unsere Arbeit, unser ehrenamtliches Engagement oder unsere Hilfsleistungen: Wenn wir einen positiven Einfluss auf andere und die Welt haben, stärken wir unser Zielbewusstsein. Dieser Beitrag kann viele Formen annehmen, von der Hilfe für einen Nachbarn in Not bis hin zum Eintreten für soziale Gerechtigkeit oder ökologische Nachhaltigkeit. Indem wir unser Handeln auf einen höheren Zweck ausrichten, schaffen wir ein Vermächtnis, das über unser individuelles Leben hinausgeht und mit unseren Werten in Einklang steht.

Spiritualität kultivieren

Für viele Menschen ist Spiritualität eine tiefe Quelle von Sinn und Erfüllung. Spiritualität bedeutet, sich mit etwas

Größerem als uns selbst zu verbinden, sei es durch religiösen Glauben, Natur, Meditation oder persönliche Reflexion. Es vermittelt ein Gefühl der Verbundenheit, des Zwecks und der Transzendenz, das unser Leben bereichert. Die Kultivierung der Spiritualität kann Praktiken wie Gebete, Meditation, die Teilnahme an Gottesdiensten oder das Verbringen von Zeit in der Natur umfassen. Indem wir unser spirituelles Selbst pflegen, vertiefen wir unser Sinngefühl und schaffen eine Grundlage für inneren Frieden und Freude.

Resilienz aufbauen und sich an Veränderungen anpassen

Das Leben ist voller Herausforderungen und Veränderungen, und der Aufbau von Resilienz ist unerlässlich, um diese Erfahrungen mit Anmut und Kraft zu meistern. Resilienz beinhaltet die Fähigkeit, sich an Widrigkeiten anzupassen, sich von Rückschlägen zu erholen und weiter voranzukommen. Zu den Techniken zum Aufbau von Resilienz gehören die Kultivierung einer positiven Denkweise, das Üben von Selbstfürsorge, die Suche nach Unterstützung von anderen und die

Entwicklung von Fähigkeiten zur Problemlösung. Durch den Aufbau von Resilienz verbessern wir unsere Fähigkeit, auch angesichts von Schwierigkeiten ein Gefühl der Erfüllung und Freude zu bewahren.

Authentisch leben

Authentisch zu leben bedeutet, unser wahres Selbst anzunehmen und unsere einzigartigen Qualitäten, Werte und Leidenschaften auszudrücken. Dazu gehört, ehrlich zu uns selbst und anderen zu sein und Entscheidungen zu treffen, die unsere echten Wünsche und Überzeugungen widerspiegeln. Authentisches Leben erfordert Mut, denn es kann sein, dass man sich den Erwartungen der Gesellschaft widersetzt oder Verletzlichkeit riskiert. Es ist jedoch unerlässlich, um ein Leben zu schaffen, das wirklich erfüllend und sinnvoll ist. Indem wir uns selbst treu bleiben, schaffen wir ein Leben, das mit unserem tiefsten Wesen in Einklang steht und uns Freude bereitet.

Balance und Selbstfürsorge üben

Ausgeglichenheit und Selbstfürsorge sind entscheidend für ein erfülltes und freudiges Leben. Bei der Balance geht es darum, unsere Zeit und Energie in verschiedenen Aspekten unseres Lebens zu verwalten, darunter Arbeit, Beziehungen, persönliches Wachstum und Entspannung. Bei der Selbstfürsorge geht es darum, unserem körperlichen, emotionalen und geistigen Wohlbefinden durch Praktiken wie regelmäßige Bewegung, gesunde Ernährung, ausreichend Ruhe und Entspannung Priorität einzuräumen. Durch die Schaffung von Gleichgewicht und die Ausübung von Selbstfürsorge erhalten wir unsere Energie und unser Wohlbefinden und ermöglichen es uns, uns voll und ganz auf die Chancen und Herausforderungen des Lebens einzulassen.

Fortschritte reflektieren und feiern

Regelmäßiges Nachdenken und Feiern unserer Fortschritte sind wichtig, um die Motivation und das Gefühl der Erfüllung aufrechtzuerhalten. Das Nachdenken über unsere Erfahrungen, Erfolge und unser Wachstum hilft uns, unsere Bemühungen anzuerkennen und aus unserer Reise zu lernen. Das Feiern unserer Meilensteine, egal wie klein, stärkt unser Engagement für unsere Ziele und steigert unser Gefühl der Freude.

Diese Praxis des Nachdenkens und Feierns schafft eine positive Rückkopplungsschleife, die uns zu kontinuierlichem Wachstum und Erfüllung antreibt.

Ein Leben voller Freude und Erfüllung zu schaffen ist eine dynamische und vielschichtige Reise, die sowohl praktische Schritte als auch tiefgreifende innere Arbeit erfordert. Indem wir Dankbarkeit, Achtsamkeit, Freundlichkeit und Selbstmitgefühl kultivieren, erfüllen wir unseren Alltag mit Freude. Um eine erfüllte Existenz aufzubauen, müssen wir unsere Werte entdecken, eine Vision entwickeln, unsere Handlungen ausrichten und Wachstum, Beitrag, Spiritualität, Belastbarkeit, Authentizität, Ausgeglichenheit und Selbstfürsorge annehmen. Durch diesen ganzheitlichen Ansatz schaffen wir ein Leben voller Sinn, Zweck und Freude. Diese Reise ist kein Ziel, sondern ein fortlaufender Prozess der Selbstfindung, des bewussten Lebens und der Feier der kostbaren Momente des Lebens.

Kapitel 15

Den inneren Frieden in einer chaotischen Welt aufrechterhalten

In einer Zeit, die von beispiellosen Veränderungen, Unsicherheit und äußerem Chaos geprägt ist, ist die Suche nach innerem Frieden wichtiger denn je. Innerer Frieden ist nicht nur die Abwesenheit von Konflikten, sondern ein tiefes, anhaltendes Gefühl der Ruhe und Zufriedenheit, das unabhängig von äußeren Umständen anhält. Es ist die Fähigkeit, inmitten der Stürme des Lebens zentriert und ruhig zu bleiben. Um diesen inneren Frieden zu erreichen und aufrechtzuerhalten, sind bewusste Strategien und langfristige Praktiken erforderlich, die uns in unserem wahren Selbst verankern und einen Zufluchtsort der Ruhe in einer turbulenten Welt bieten.

Strategien zur Aufrechterhaltung des inneren Friedens inmitten des äußeren Chaos

Achtsamkeit kultivieren

Achtsamkeit ist ein Grundstein für inneren Frieden. Es geht darum, dem gegenwärtigen Moment volle Aufmerksamkeit zu schenken, mit Akzeptanz und ohne Wertung. Achtsamkeit kann durch formale Meditation geübt oder in tägliche Aktivitäten integriert werden. Indem wir uns auf das Hier und Jetzt konzentrieren, reduzieren wir das mentale Durcheinander, das Stress und Angst schürt. Techniken wie achtsames Atmen, Bodyscan-Meditation und achtsames Gehen helfen uns, in der Gegenwart zu verankern und ein Gefühl der Ruhe zu entwickeln.

Grenzen setzen

In einer Welt, die ständige Aufmerksamkeit und Engagement erfordert, ist das Setzen von Grenzen entscheidend für die Wahrung des inneren Friedens. Dazu gehört es, unsere Grenzen zu erkennen und unserem Wohlbefinden Priorität einzuräumen. Das Setzen von Grenzen kann bedeuten, Nein zu zusätzlichen Verantwortlichkeiten zu sagen, den Kontakt mit negativen Nachrichten zu begrenzen oder bestimmte Zeiten zum Ausruhen und Nachdenken zu schaffen. Indem wir unsere Zeit und Energie schützen, schaffen wir Raum für Frieden und Ausgeglichenheit in unserem Leben.

Begrenzung der Exposition gegenüber negativen Einflüssen

Negative Einflüsse wie toxische Beziehungen, der ständige Kontakt mit schlechten Nachrichten oder ein Umfeld voller Konflikte können unseren inneren Frieden untergraben. Es ist wichtig, darauf zu achten, was wir konsumieren – sowohl körperlich als auch geistig. Dazu kann es gehören, einen positiven Social-Media-Feed zu kuratieren, anregende Unterhaltung auszuwählen oder uns mit unterstützenden und positiven Menschen zu umgeben. Indem wir den Kontakt mit Negativität begrenzen, schützen wir unser geistiges und emotionales Wohlbefinden.

Tiefes Atmen üben

Tiefes Atmen ist ein einfaches, aber wirksames Mittel zur Beruhigung von Geist und Körper. Wenn wir gestresst sind, wird unsere Atmung flacher, was unsere Angstgefühle verstärkt. Das Üben einer tiefen Zwerchfellatmung aktiviert die Entspannungsreaktion des Körpers, reduziert Stress und fördert ein Gefühl des Friedens. Techniken wie der 4-7-8-Atem (4 Sekunden lang einatmen, 7 Sekunden lang anhalten und 8 Sekunden lang ausatmen) können das Nervensystem besonders wirksam beruhigen.

Eine friedliche Umgebung schaffen

Unsere physische Umgebung hat einen erheblichen Einfluss auf unseren inneren Zustand. Um einen ruhigen Wohnraum zu schaffen, müssen Sie aufräumen, Elemente der Natur integrieren und Bereiche zum Entspannen und Nachdenken gestalten. Einfache Ergänzungen wie Pflanzen, sanftes Licht und beruhigende Düfte können unsere Umgebung in einen Zufluchtsort der Ruhe verwandeln. Eine gut organisierte und ästhetisch ansprechende Umgebung fördert ein Gefühl von Ordnung und Ruhe und trägt zu unserem allgemeinen Wohlbefinden bei.

Sich körperlich betätigen

Regelmäßige körperliche Aktivität ist für die Erhaltung der inneren Ruhe unerlässlich. Sport setzt Endorphine frei, die natürlichen Stressabbaumittel des Körpers, und hilft, den Geist zu klären. Ob Yoga, Spazierengehen, Tanzen oder jede andere Form der Bewegung: Körperliche Aktivität bietet eine Möglichkeit, Spannungen abzubauen und Entspannung zu fördern. Regelmäßige Bewegung in unseren Alltag zu integrieren, fördert nicht nur unsere körperliche Gesundheit, sondern stärkt auch unsere geistige und emotionale Belastbarkeit.

Dankbarkeit üben

Dankbarkeit verschiebt unseren Fokus von dem, was fehlt, hin zu dem, was in unserem Leben im Überfluss vorhanden ist. Indem wir regelmäßig darüber nachdenken, wofür wir dankbar sind, entwickeln wir eine positive Einstellung, die den inneren Frieden fördert. Das Führen eines Dankbarkeitstagebuchs, in dem wir jeden Tag Dinge aufschreiben, für die wir dankbar sind, trägt dazu bei, diese Praxis zu stärken. Dankbarkeit steigert unsere Wertschätzung für den gegenwärtigen Moment und reduziert Gefühle von Unzufriedenheit und Stress.

Emotionale Intelligenz entwickeln

Emotionale Intelligenz, die Fähigkeit, unsere Emotionen zu verstehen und zu bewältigen, ist entscheidend für die Aufrechterhaltung des inneren Friedens. Dazu gehört das Erkennen unserer emotionalen Auslöser, das Verstehen der zugrunde liegenden Ursachen unserer Gefühle und die Entwicklung gesunder Bewältigungsmechanismen. Techniken wie Tagebuch führen, mit einem vertrauenswürdigen Freund sprechen oder professionelle Unterstützung suchen, können uns helfen, unsere Emotionen zu verarbeiten und zu regulieren. Indem wir unsere emotionale Intelligenz stärken, meistern wir die Herausforderungen des Lebens mit größerer Ruhe und Klarheit.

Akzeptanz üben

Akzeptanz ist eine Schlüsselkomponente des inneren Friedens. Es geht darum, das Leben so anzuerkennen und anzunehmen, wie es ist, anstatt sich dagegen zu wehren oder zu versuchen, es zu kontrollieren. Dies bedeutet keine passive Resignation, sondern vielmehr eine aktive Entscheidung, inmitten von Unvollkommenheit und Unsicherheit Frieden zu finden. Das Üben von Akzeptanz hilft uns, vergebliche Kämpfe loszulassen und unsere Energie auf das zu konzentrieren, was wir ändern können. Techniken wie Achtsamkeit und Selbstmitgefühl unterstützen die Praxis der Akzeptanz und fördern ein Gefühl innerer Ruhe und Widerstandskraft.

Langfristige Praktiken für dauerhafte Ruhe und Zufriedenheit

Meditation ist eine kraftvolle Praxis zur Kultivierung dauerhaften inneren Friedens. Dabei geht es darum, den Geist zu trainieren, Gedanken zu fokussieren und umzulenken und so einen Zustand tiefer Entspannung und Achtsamkeit zu fördern. Es gibt verschiedene Formen der Meditation, darunter Achtsamkeitsmeditation, Liebende-Güte-Meditation und Transzendentale Meditation. Regelmäßige Meditationspraxis hilft, Stress abzubauen, die emotionale Regulierung zu verbessern und das allgemeine Wohlbefinden zu steigern. Indem wir uns jeden Tag Zeit für die Meditation nehmen, schaffen wir eine Grundlage innerer Ruhe, die uns durch die Herausforderungen des Lebens trägt.

Spirituelle Praktiken wie Gebete, Kontemplation oder die Verbindung mit der Natur vermitteln ein tieferes Gefühl von Sinn und Verbundenheit. Diese Praktiken helfen uns, die alltäglichen Aspekte des Lebens zu überwinden und einen größeren Sinn für Sinn zu finden. Ob durch religiösen Glauben, spirituelle Erforschung oder eine persönliche Verbindung mit dem Universum, spirituelle Praktiken bieten eine Quelle des Trostes und des inneren Friedens. Regelmäßige spirituelle Praktiken nähren unsere Seele und bieten einen Zufluchtsort der Ruhe inmitten des Chaos.

Persönliches Wachstum und Selbstfindung sind entscheidend für die Aufrechterhaltung des inneren Friedens. Dazu gehört die Verpflichtung, zu lernen, sich weiterzuentwickeln und unser bestes Selbst zu werden. Persönliches Wachstum kann viele Formen annehmen, etwa durch Lesen, die Teilnahme an Workshops, die Suche nach einer Therapie oder durch Selbstreflexion. Indem wir unser Wissen und Selbstverständnis kontinuierlich erweitern, entwickeln wir ein größeres Selbstbewusstsein und eine größere Widerstandskraft. Persönliches Wachstum verbessert unsere Fähigkeit, die Herausforderungen des Lebens mit Anmut und Gleichmut zu meistern, und trägt zu einem dauerhaften Gefühl der Zufriedenheit bei.

Starke, unterstützende Beziehungen sind für die Aufrechterhaltung des inneren Friedens von entscheidender Bedeutung. Uns mit Menschen zu umgeben, die uns aufmuntern und unterstützen, steigert unser emotionales Wohlbefinden und bietet einen Puffer gegen Stress. Der Aufbau und die Pflege dieser

Beziehungen erfordert Anstrengung und Absicht. Es geht darum, präsent zu sein, Empathie zu zeigen und anderen Unterstützung anzubieten. Indem wir ein Netzwerk positiver und unterstützender Beziehungen pflegen, schaffen wir eine Gemeinschaft, die unseren inneren Frieden erhält.

Selbstmitgefühl bedeutet, mit Freundlichkeit und Verständnis mit uns selbst umzugehen, insbesondere in schwierigen Zeiten. Es bedeutet, unsere gemeinsame Menschlichkeit anzuerkennen und uns selbst das gleiche Mitgefühl entgegenzubringen, das wir einem Freund entgegenbringen würden. Das Praktizieren von Selbstmitgefühl hilft uns, Herausforderungen widerstandsfähiger zu meistern und ein positives Selbstbild zu bewahren. Techniken wie positives Selbstgespräch, Selbstfürsorge und Achtsamkeit unterstützen die Praxis des Selbstmitgefühls. Indem wir sanft mit uns selbst umgehen, entwickeln wir ein dauerhaftes Gefühl von innerem Frieden und Zufriedenheit.

Ein ausgewogener Lebensstil ist für die Aufrechterhaltung des inneren Friedens unerlässlich. Dabei geht es darum, unsere Zeit und Energie in verschiedenen Aspekten unseres Lebens zu verwalten, darunter Arbeit, Beziehungen, persönliches Wachstum und Entspannung. Es erfordert, dass wir Prioritäten setzen, gesunde Routinen etablieren und uns Zeit für Aktivitäten nehmen, die unseren Geist, Körper und Geist nähren. Ein ausgewogener Lebensstil fördert das allgemeine Wohlbefinden und schafft eine Grundlage für Stabilität und Frieden. Durch die Förderung des Gleichgewichts erhalten wir unsere Energie und bewahren ein Gefühl der Ruhe inmitten der Anforderungen des Lebens.

Achtsamer Konsum bedeutet, dass wir bewusst konsumieren, sei es Lebensmittel, Medien oder materielle Güter. Es bedeutet, Entscheidungen zu treffen, die mit unseren Werten übereinstimmen und zu unserem Wohlbefinden beitragen. Achtsamer Konsum hilft uns, übermäßigen Genuss zu vermeiden und uns auf das Wesentliche zu konzentrieren. Dies kann die Auswahl nahrhafter Lebensmittel, die Begrenzung der Bildschirmzeit oder die Vereinfachung unserer Besitztümer beinhalten. Indem wir auf unseren Konsum achten, schaffen wir einen Lebensstil, der inneren Frieden und Zufriedenheit fördert.

Kreativer Ausdruck bietet einen Ausdruck für unsere Emotionen und steigert unser Gefühl der Erfüllung. Ob durch Kunst, Musik, Schreiben oder jede andere Form der Kreativität: Wenn wir uns kreativ ausdrücken, können wir uns mit unserem inneren Selbst verbinden und aufgestaute Emotionen loslassen. Regelmäßige kreative Aktivitäten fördern Entspannung und Freude und tragen zu einem dauerhaften Gefühl des inneren Friedens bei. Indem wir unseren kreativen Geist fördern, bereichern wir unser Leben und erhalten unser Wohlbefinden.

Vergebung ist eine kraftvolle Praxis, um negative Emotionen loszulassen und den inneren Frieden aufrechtzuerhalten. Es geht darum, Groll und Wut gegenüber uns selbst und anderen loszulassen. Das

Praktizieren von Vergebung befreit uns von der Last vergangener Verletzungen und ermöglicht es uns, mit einem Gefühl des Friedens voranzuschreiten. Techniken wie Tagebuchführung, Therapie und Achtsamkeit können den Prozess der Vergebung unterstützen. Indem wir uns für die Vergebung entscheiden, schaffen wir Raum für Heilung und Ruhe in unserem Leben.

Einfachheit bedeutet, die Komplexität und Unordnung in unserem Leben zu reduzieren und uns auf das Wesentliche zu konzentrieren. Es bedeutet, unnötige Besitztümer, Verpflichtungen und Ablenkungen loszulassen, die unsere Energie und Aufmerksamkeit rauben. Durch die Akzeptanz der Einfachheit können wir einen Lebensstil schaffen, der mit unseren Werten und Prioritäten übereinstimmt. Zu den Techniken zur Vereinfachung unseres Lebens gehören das Aufräumen unserer Wohnräume, die Vereinfachung unserer Zeitpläne und die Konzentration auf sinnvolle Aktivitäten. Durch die Akzeptanz der Einfachheit schaffen wir ein Gefühl der Klarheit und des Friedens, das uns durch die Herausforderungen des Lebens trägt.

Ein Sinn für ein Ziel verleiht unserem Leben einen tieferen Sinn und eine tiefere Richtung. Es geht darum, herauszufinden, was uns wirklich wichtig ist, und unser Handeln an unseren Werten und Leidenschaften auszurichten. Die Entwicklung eines Sinns für das Ziel steigert unsere Motivation und Belastbarkeit und trägt zu einem dauerhaften Gefühl der Erfüllung und des Friedens bei. Dies kann bedeuten, dass wir eine sinnvolle Karriere verfolgen, uns ehrenamtlich engagieren oder uns der persönlichen Weiterentwicklung widmen. Indem wir zielgerichtet leben, schaffen wir ein Leben voller Sinn und innerem Frieden.

Die Aufrechterhaltung des inneren Friedens in einer chaotischen Welt ist eine dynamische und vielschichtige Reise, die bewusste Strategien und langfristige Praktiken erfordert. Indem wir Achtsamkeit kultivieren, Grenzen setzen, negative Einflüsse begrenzen und eine friedliche Umgebung schaffen, können wir inmitten des äußeren Chaos ein Gefühl der Ruhe bewahren. Sich körperlich zu betätigen, sich in Dankbarkeit zu üben, emotionale

Intelligenz zu entwickeln und Akzeptanz zu üben, unterstützt unsere innere Ruhe zusätzlich. Langfristige Praktiken wie Meditation, spirituelle Erkundung, persönliches Wachstum, der Aufbau von Unterstützungsnetzwerken und die Ausübung von Selbstmitgefühl bilden eine Grundlage für dauerhaften Frieden und Zufriedenheit. Ein ausgewogener Lebensstil, achtsamer Konsum, kreativer Ausdruck, Vergebung, Einfachheit und Sinnhaftigkeit bereichern unser Leben und erhalten unser Wohlbefinden. Durch diesen ganzheitlichen Ansatz schaffen wir einen Zufluchtsort des inneren Friedens, der uns in unserem wahren Selbst verankert und einen Zufluchtsort in einer turbulenten Welt bietet. Diese Reise zur Aufrechterhaltung des inneren Friedens ist kein Ziel, sondern ein fortlaufender Prozess der Selbstfindung, des bewussten Lebens und der Feier der kostbaren Momente des Lebens.

Abschluss

Wenn wir am Ende unserer Erforschung der Schaffung eines Lebens voller Freude, Erfüllung und innerem Frieden angelangt sind, ist es wichtig, über die tiefgreifende Reise nachzudenken, die wir unternommen haben. Bei dieser Reise geht es nicht nur darum, ein endgültiges Ziel zu erreichen, sondern darum, den kontinuierlichen Prozess des Wachstums, des Lernens und der Selbstfindung anzunehmen. Das Streben nach einem sinnvollen und ruhigen Leben ist dynamisch, vielschichtig und zutiefst persönlich und erfordert von uns, verschiedene Praktiken zu integrieren, innere Qualitäten zu kultivieren und bewusste Entscheidungen zu treffen, die mit unseren tiefsten Werten und Bestrebungen übereinstimmen.

Eine der wichtigsten Erkenntnisse auf unserem Weg zu Freude und innerem Frieden ist die Akzeptanz der dem Leben innewohnenden Unvollkommenheiten. Das Leben ist unvorhersehbar und oft herausfordernd, voller Momente der Freude, des Kummers, des Triumphs und der Niederlage. Diese Unvollkommenheit zu akzeptieren bedeutet zu erkennen, dass unser Weg nicht immer glatt oder linear sein wird. Es geht darum, unsere Fehler und Irrtümer sowie die anderer mit Mitgefühl und Verständnis zu akzeptieren. Indem wir das unrealistische Streben nach Perfektion loslassen, befreien wir uns von der Last des ständigen Strebens und ermöglichen uns, das Leben umfassender und authentischer zu erleben.

Im Laufe unserer Reise hat sich die Praxis der Achtsamkeit und Präsenz als Eckpfeiler für die Aufrechterhaltung des inneren Friedens und der Freude herausgestellt. Achtsamkeit lädt uns ein, uns mit vollem Bewusstsein und Akzeptanz auf den gegenwärtigen Moment einzulassen. Es hilft uns, das unaufhörliche Geplapper unseres Geistes zu beruhigen, Stress abzubauen und ein Gefühl der Ruhe und Klarheit zu entwickeln. Indem wir uns in der Gegenwart verankern, werden wir stärker auf die Schönheit und den Reichtum unserer alltäglichen Erfahrungen eingestellt. Achtsamkeit ist keine einmalige Anstrengung, sondern eine lebenslange Praxis, die sich mit der Zeit vertieft und unser Leben kontinuierlich bereichert.

Sinnvolle Verbindungen zu anderen sind für unser Wohlbefinden und unsere Erfüllung von grundlegender Bedeutung. Unsere Beziehungen bieten emotionale Unterstützung, Freude und ein Zugehörigkeitsgefühl. Um diese Verbindungen zu pflegen, müssen wir präsent, einfühlsam und bereit sein, Zeit und Energie in den Aufbau und die Aufrechterhaltung dieser Verbindungen zu investieren. Ob durch Familie, Freunde oder Gemeinschaft – die Bindungen, die wir aufbauen, geben uns Stärke und Widerstandskraft, insbesondere in herausfordernden Zeiten. Indem wir unseren Beziehungen Priorität einräumen und ein Gemeinschaftsgefühl fördern, steigern wir unser allgemeines Glück und schaffen ein Netzwerk der Unterstützung, das uns trägt.

Dankbarkeit ist eine transformative Praxis, die unseren Fokus von dem, was uns fehlt, auf das verlagert, was wir haben. Es kultiviert eine Geisteshaltung der Fülle und

Wertschätzung und steigert unser allgemeines Gefühl von Freude und Zufriedenheit. Indem wir regelmäßig über die Dinge nachdenken, für die wir dankbar sind, trainieren wir unseren Geist, die positiven Aspekte unseres Lebens auch inmitten von Schwierigkeiten wahrzunehmen. Diese Praxis der Dankbarkeit, kombiniert mit einer positiven Einstellung, hilft uns, die Herausforderungen des Lebens mit größerer Widerstandsfähigkeit und Hoffnung zu meistern. Bei Positivität geht es nicht darum, das Negative zu ignorieren, sondern darum, sich auf das Gute zu konzentrieren und eine optimistische Perspektive beizubehalten.

Unser Weg zu einem erfüllten Leben ist eng mit persönlichem Wachstum und Selbstfindung verbunden. Dazu gehört die Verpflichtung zu lebenslangem Lernen, Selbstreflexion und der Verfolgung unserer Leidenschaften und Interessen. Persönliches Wachstum erfordert, dass wir unsere Komfortzone verlassen, neue Erfahrungen machen und uns kontinuierlich weiterentwickeln. Durch diesen Prozess entdecken wir unser wahres Selbst, entwickeln unser Potenzial und schaffen ein Leben, das mit unseren authentischen Werten und Bestrebungen übereinstimmt. Der Weg der Selbstfindung geht weiter und bietet endlose Möglichkeiten für Wachstum und Bereicherung.

Bei unserem Streben nach Erfüllung ist es wichtig, ein Gleichgewicht zwischen Ehrgeiz und Zufriedenheit zu finden. Während das Setzen und Erreichen von Zielen unserem Leben eine Richtung und einen Sinn gibt, ist es ebenso wichtig, den gegenwärtigen Moment zu schätzen und Zufriedenheit mit dem zu finden, was wir haben. Dieses Gleichgewicht verhindert, dass wir uns auf Kosten unseres aktuellen Wohlbefindens zu sehr auf zukünftige Erfolge konzentrieren. Indem wir sowohl Ehrgeiz als auch Zufriedenheit annehmen, schaffen wir ein harmonisches Leben, das unseren Bestrebungen gerecht wird und gleichzeitig den Reichtum der Gegenwart feiert.

Die Reise des Lebens ist voller unerwarteter Wendungen, die von uns die Entwicklung von

Widerstandskraft und Anpassungsfähigkeit erfordern. Resilienz ist die Fähigkeit, sich von Rückschlägen und Herausforderungen mit Kraft und Anmut zu erholen. Dazu gehört die Entwicklung gesunder Bewältigungsmechanismen, die Aufrechterhaltung einer positiven Einstellung und die Suche nach Unterstützung bei Bedarf. Anpassungsfähigkeit hingegen ist die Fähigkeit, sich an veränderte Umstände anzupassen und neue Wege zu finden, um voranzukommen. Indem wir diese Eigenschaften kultivieren, verbessern wir unsere Fähigkeit, mit den Unsicherheiten des Lebens umzugehen und unseren inneren Frieden und unser Wohlbefinden zu bewahren.

Selbstfürsorge ist ein wesentlicher Bestandteil eines freudigen und friedlichen Lebens. Dabei geht es darum, unserem körperlichen, emotionalen und geistigen Wohlbefinden durch Praktiken, die uns nähren und verjüngen, Priorität einzuräumen. Selbstfürsorge ist nicht egoistisch, sondern notwendig, um unsere Energie und Widerstandsfähigkeit aufrechtzuerhalten. Es kann viele Formen annehmen, wie zum Beispiel regelmäßige

Bewegung, gesunde Ernährung, ausreichend Ruhe, Entspannung und die Teilnahme an Aktivitäten, die uns Freude bereiten. Indem wir Selbstfürsorge zu einem nicht verhandelbaren Teil unserer Routine machen, stellen wir sicher, dass wir für die Anforderungen und Herausforderungen des Lebens gut gerüstet sind.

Ein zutiefst erfülltes Leben basiert auf Sinn und Zweck. Dazu gehört es, herauszufinden, was uns wirklich wichtig ist, und unser Handeln an unseren Grundwerten und Leidenschaften auszurichten. Das Finden von Sinn und Zweck gibt unserem Leben Richtung und Motivation und trägt zu unserem allgemeinen Glück und Wohlbefinden bei. Es kann durch unsere Karrieren, Beziehungen, Hobbys oder Diensthandlungen ausgedrückt werden. Indem wir mit Absicht und Zweck leben, schaffen wir ein Leben voller Bedeutung und Erfüllung.

Veränderungen und Unsicherheit sind unvermeidliche Aspekte des Lebens. Um diese Elemente anzunehmen, müssen wir eine Haltung der Offenheit und Flexibilität entwickeln. Es bedeutet, unser Bedürfnis nach Kontrolle und Sicherheit loszulassen und stattdessen mit Neugier und Anpassungsbereitschaft an das Leben heranzugehen. Indem wir Veränderungen und Unsicherheit annehmen, öffnen wir uns für neue Möglichkeiten und Erfahrungen, die zu unserem Wachstum und unserer Bereicherung beitragen. Diese Denkweise hilft uns, die Übergänge im Leben leichter und selbstbewusster zu meistern.

Für viele ist Spiritualität eine tiefe Quelle des inneren Friedens und der Erfüllung. Es geht darum, sich mit etwas zu verbinden, das größer ist als wir selbst, sei es durch religiösen Glauben, Natur, Meditation oder persönliche Reflexion. Spiritualität bietet ein Gefühl von Sinn, Verbundenheit und Transzendenz, das unser Leben bereichert. Regelmäßige spirituelle Praktiken wie Gebete, Meditation oder Zeit in der Natur nähren unsere Seele und bieten einen Zufluchtsort der Ruhe und des inneren Friedens.

Es ist wichtig zu erkennen, dass die Reise zu Freude, Erfüllung und innerem Frieden noch andauert. Es ist ein dynamischer Prozess, der sich mit uns weiterentwickelt, wenn wir wachsen und uns verändern. Jeder Schritt, den wir unternehmen, jede Praxis, die wir pflegen, trägt zum Gesamtgefüge unseres Lebens bei. Diese Reise erfordert Geduld, Ausdauer und die Bereitschaft, sowohl die Höhen als auch die Tiefen in Kauf zu nehmen. Es ist ein Weg, der uns dazu einlädt, die Tiefe und den Reichtum unserer Existenz kontinuierlich zu erforschen, zu lernen und zu entdecken.

Es ist wichtig, unsere Fortschritte und Meilensteine zu feiern. Die Anerkennung unserer Erfolge, egal wie klein, stärkt unser Engagement und steigert unser Gefühl von Freude und Erfüllung. Das Feiern von Fortschritten hilft uns, die von uns unternommenen Anstrengungen zu würdigen und das Wachstum anzuerkennen, das wir erlebt haben. Dadurch entsteht eine positive Rückkopplungsschleife, die uns motiviert, unseren Weg mit Begeisterung und Zuversicht fortzusetzen.

Letztendlich ist es eine Frage der Wahl, ein Leben voller Freude, Erfüllung und innerem Frieden zu schaffen. Wir haben die Macht, unser Leben durch die Entscheidungen zu gestalten, die wir jeden Tag treffen. Indem wir uns dafür entscheiden, Dankbarkeit, Achtsamkeit, Freundlichkeit und Selbstmitgefühl zu kultivieren, schaffen wir eine Grundlage für Wohlbefinden und Glück. Indem wir unser Handeln an unseren Werten und Bestrebungen ausrichten, bauen wir ein Leben auf, das unserem wahren Selbst entspricht. Jede noch so kleine Entscheidung, die wir treffen, trägt zur Gesamtqualität unseres Lebens bei.

Während wir über die auf dieser Reise geteilten Erkenntnisse und Praktiken nachdenken, ist es wichtig, Maßnahmen zu ergreifen. Wissen allein reicht nicht aus; Es ist die Anwendung dieses Wissens, die unser Leben verändert. Ich ermutige Sie, diese Praktiken in Ihr tägliches Leben zu integrieren, mit verschiedenen Strategien zu experimentieren und herauszufinden, was für Sie am besten funktioniert. Denken Sie daran, dass diese Reise zutiefst persönlich ist und es keinen einheitlichen Ansatz gibt. Vertraue dir selbst, sei geduldig und gönne dir die Gnade, zu wachsen und dich weiterzuentwickeln.

Ein Leben voller Freude, Erfüllung und innerem Frieden zu schaffen, ist eine ganzheitliche und fortlaufende Reise. Es geht darum, die Unvollkommenheit des Lebens anzunehmen, Achtsamkeit und Präsenz zu kultivieren, Beziehungen zu pflegen, Dankbarkeit und Positivität zu praktizieren, persönliches Wachstum anzustreben, Ehrgeiz mit Zufriedenheit in Einklang zu bringen, Belastbarkeit und Anpassungsfähigkeit zu entwickeln, Selbstfürsorge in den Vordergrund zu stellen, Sinn und Zweck zu finden, Veränderungen und Unsicherheit anzunehmen, und unsere Spiritualität zu fördern. Bei dieser Reise geht es nicht darum, ein endgültiges Ziel zu erreichen, sondern darum, unsere Lebenserfahrung kontinuierlich weiterzuentwickeln und zu vertiefen. Es geht darum, die Ganzheit des Lebens mit all seiner Schönheit und Komplexität zu erfassen und in jedem Moment Frieden und Freude zu finden. Wenn wir uns auf diese Reise begeben, sollten wir uns daran erinnern, dass wir die Macht haben, ein Leben zu schaffen, das reich, bedeutungsvoll und zutiefst erfüllend ist. Lassen Sie uns diese Reise mit offenem Herzen und einem Geist der Neugier annehmen, im Wissen, dass jeder Schritt, den wir gehen, uns unserem wahren Selbst und dem Leben, das wir uns wünschen, näher bringt.

www.ingramcontent.com/pod-product-compliance
Lightning Source LLC
Chambersburg PA
CBHW070823250726
48662CB00003B/1065